घर की औरतें और चाँद

[कविता-संग्रह]

घर की औरतें और चाँद

रेणु हुसैन

राधाकृष्ण प्रकाशन

ISBN : 978-81-8361-984-4

घर की औरतें और चाँद

पहला संस्करण : 2021

मूल्य : ₹395

प्रकाशक

राधाकृष्ण प्रकाशन प्राइवेट लिमिटेड
जी-17, जगतपुरी, दिल्ली-110 051
शाखाएँ : अशोक राजपथ, साइंस कॉलेज के सामने, पटना-800 006
पहली मंजिल, दरबारी बिल्डिंग, महात्मा गांधी मार्ग, प्रयागराज-211 001
36 ए, शेक्सपियर सरणी, कोलकाता-700 017
वेबसाइट : www.radhakrishnaprakashan.com
ई-मेल : info@radhakrishnaprakashan.com

मुद्रक

बी.के. ऑफसेट
नवीन शाहदरा, दिल्ली-110 032

GHAR KI AURTEN AUR CHAND
Poems by Renu Hussain

अम्मीजान एवं पिताजी
को
सादर समर्पित

एक मेरा घर है एक मैं और एक मेरा चाँद

जीवन परिवर्तन का नाम है और परिवर्तन प्रगति के द्योतक हैं। अनेक उतार-चढ़ावों के बीच जीवन की गति चलती रहती है। हर अच्छा या बुरा अनुभव कुछ न कुछ सिखा कर जाता है। परिस्थिति को सहर्ष स्वीकार लेना ही अपने आप को समय में ढाल देना और समय के साथ बह जाना है। इसी तरह जीवन में चलते-चलते कुछ लमहे बहुत देर ठहर जाते हैं और भारी लगने लगते हैं, गुज़रते ही नहीं और कुछ रेत से फिसल जाते हैं, ठहरते ही नहीं। मगर हर लम्हा अपनी क़ीमत लेकर आता है, कुछ अनुभवों के लिए तो बड़ी भारी क़ीमत चुकानी पड़ती है और कुछ ख़ुशबू की तरह दिल में बस जाते हैं। ऐसे ही कुछ लम्हे साथ चलते हैं, कुछ मील का पत्थर बन जाते हैं। इन अनुभवों और पलों को देर तक महसूस करने में लिखने की आदत साथ देती है। इन्हीं लम्हों को संजोकर रखना हो तो क़लम साथ देती है...मैं भी यूँ ही कुछ लिखती रहती हूँ...जब भी मन में कुछ भर आता है लिख देती हूँ। अच्छा-बुरा, दुःख-सुख, कभी हल्का-भारी जब जैसा महसूस करती हूँ लिख देती हूँ। कैसा लिख रही हूँ, शैली कैसी है, शब्द संरचना या वाक्य संरचना क्या है, ये ध्यान में रखकर न लिखा जा रहा होता न लिखा जाता है...सबकुछ सहज ही होता है...बस भाव लिखे जाते हैं...शब्द स्वयं चले आते हैं... गीतात्मक हों या विचारात्मक, भाव तो भाव होते हैं...भाषा कोई भी रूप ले सकती है।

ज़िन्दगी का एक पड़ाव साझा कर रही हूँ। इन कविताओं में एक वक़्त जिया है...कुछ लमहों को संजोया है, कुछ यादों को समेटा है। अपने अन्दर का सफ़र और ख़ुद से की बयानगोई काग़ज़ पर उतर गई है। एक मेरा घर है एक मैं और एक मेरा चाँद है। इस घर में एक समूची दुनिया है...जो जिया सो लिखा... लफ़्ज़ जीने की कोशिश कर रहे हैं अब...

—रेणु हुसैन

अनुक्रम

ख़ुशबू

आज एक लम्बे अरसे बाद
झील के ठहरे पानियों में तरंगें उठीं
अकेले पंछी की आवाज़ से
जाग गई वीरान ये घाटी
ख़ामोशी गुनगुना रही है
अँगड़ाई टूटी है जब शाम की
सारे आलम में भर गई
किसी की भीनी ख़ुशबू

मुहब्बत

कुछ नई-सी हो गई है ज़मीं
फिर भीग कर
सिहर रही है शाख़-ब-शाख़
फूल-सी छुअन का
इस्तक़बाल किया है हर शय ने
हवा फिर महकी-महकी है
बादल उड़ रहे हैं आँचल से
वस्ल बस मेराज है
जून में बारिश बेवक़्त आई है
मगर बहुत ख़ूबसूरत है

आगाज़

ये मदमाता हवा का झोंका
ठंडी आहें भरता
मुहोब्बत का जिस्म लिए
आँखों में एक तस्वीर
चेहरे पे हया की लाली
और होंठों पे नग़मे
जाने किसको याद करता
किसकी तलाश में
रब ने भेजी है
इस तपती ज़मीं पे
एक हल्की महकती ख़ुशनुमा फुहार

क़रार

एक क़रार साझा किया था हमने जब हम मिले थे
कि बह जाने दें ख़ुद को वक़्त की हवाओं में
और डूब जाने दें ख़ुशबू के दरया में
ये क़रार था कि देखते रहें एक दूजे को
पलकों के झपकने तक
और खोजते रहें अपने चेहरे
एक दूसरे की आँखों में
करवटें बदलते रहें
या मीठे ख़्वाब लेकर जागा करें
बातें उतर आएँ पन्नों पर
और लबों पर नज़्में रह जाएँ
चिपकी रहूँ मैं उस दरो-दीवार से
आँखें बंद रहें बस साँस चलती रहे
जब लौटूँ तो एक ख़ुमारी साथ ले आऊँ
और एक प्यास वहीं रह जाए
ये क़रार ही था
दिल रहे लबालब तुम्हारी यादों से
खनकती रहे कुछ बेशक़ीमती लफ़्ज़ों की आवाज़
और मैं एक महक ओढ़े घूमती रहूँ
ये क़रार था कि तुम भी आँखें मूँद
भूल जाओ अपने दर्द और तकलीफ़ें
ज़िन्दगी के ग़म और ठोकरें
कुछ देर हम गुनगुना लें

मुहब्बत और ग़ज़लें और नग़में
चुन लें कुछ और नाज़ुक सूखे पत्ते
फूलों की मानिन्द
ये क़रार ही था कि मुस्कुराते रहें हम
अपनी आख़िरी कोशिश तक

मुलाक़ात के पल : एक

चलो अपनी मुलाक़ात के पलों को
मुहब्बत की किताब में दर्ज़ कर लें
जब तुमने भर ली अपनी साँसें मेरी ख़ुशबू से
मैंने रख ली तुम्हारी हाथों की गर्मजोशी
और तुम्हारे कमरे की खिड़की के बाहर खड़ा गुलमोहर
धूप में और भी सुर्ख़ हो गया था
वक़्त थम गया था
जब हम तुम मिले
हमें कुछ भी याद नहीं था कि हम
उम्र के किस दौर से गुज़र रहे थे
मगर इससे कुछ फ़र्क़ नहीं पड़ता
हम जी रहे थे आँखों ही आँखों में
एक बेहद हसीन ज़िन्दगी रफ़्ता-रफ़्ता
और जादू-सा छा गया था जैसे कायनात पर
भूल गए थे कि कौन हैं हम
और एक जादू की ख़ुमारी में बैठे रहे
तुम ले गए कारीगरी कायनात की
मैं साथ ले आई वो मदहोशी का समाँ
तुम मेरे कुछ रुक्के चुरा ले गए
मेरी कविताएँ, मेरे गीत और ग़ज़ल
मगर छोड़ गए तुम अपनी ख़ुशबू
जो मेरी साँसों में घुल-सी गई है
मैं जी रही हूँ तुम्हारी ख़ुशबू के साथ

ये ख़ुशबू तुम्हारा पता दे रही है
लगातार मुझसे यही कह रही है
कि तुम भी जी रहे हो
मेरे अहसास के साथ
बहुत क़ीमती हैं मुलाक़ात के ये पल
चलो सजाएँ समेटें हम इनको
चलो अपनी मुलाक़ात के उन पलों को
किताब-ए-मुहब्बत में दर्ज़ कर लें

मुलाक़ात के पल : दो

बस गए हैं मेरी आँखों में
तुमसे मुलाक़ात के पल
जिनमें तुम थे मुझे ताकते देखते
मैं भी नज़रें चुरातीं
और कभी जी भर के देख भी लेती
कभी तुम मुझसे कुछ कहते
और मैं चुपचाप सुनती
या बिलकुल अनसुना करती
कभी तुम्हारी बातों में खो जाती
तुम्हारे भावों की नरम छुअन
हवा में अब भी घुल रही है
तुम्हारी वो रेशम-सी आवाज़
मेरे भीतर अब तलक गूँज रही है
अभी-अभी भरी है ठंडी आह किसी ने
अभी-अभी कुछ पंछी फड़फड़ाए हैं
या कुछ भी नहीं कहा किसी ने
न झील ने चाँद से
न चाँद ने मेरी आँखों से
मगर एक कहानी अभी-अभी
बहने लगी है इस सूनी घाटी में
घाटी हरी हो गई है
बादल बरस रहा है उस पर
और एक छोटी-सी नदी बह निकली है

बसे हुए हो इन आँखों में तुम ही तुम
और तुमसे मुलाक़ात के वो सारे पल
जिनमें मैंने एक भरा पूरा जीवन
अपनी ही तरह से जी लिया है

मुलाक़ात के पल : तीन

वो मुलाक़ात के पल थे बेशक़ीमती
जिनमें खिंच के चली आई थी
एक ख़ुशबू तुम्हारे पास
वहाँ कुछ और नहीं था
बस एक मौन था
आँखों में हज़ार बातें थीं
और लबों पर क़ैद रह गई
अनकही कहानियाँ थीं
उस दिन उस कमरे में सभी ख़ुश थे
मेज़, कुर्सियाँ कम्प्यूटर
तुम्हारी शेल्फ़ पर पड़ी किताबें
चिड़िया, खिड़की और खिड़की के बाहर खड़े पेड़
सभी ठहाके लगा रहे थे
चाय चल रही थी
संगीत बज रहा था
वे पल उधार के नन्दनवन बन गए थे जैसे
हर तरफ़ मोहन था हर तरफ़ नाद था
और झूम रहा था मन आनन्द के अतिरेक में
आज मन तरस रहा था
आज नेह कुंज को
आज बस राधा है

और सावन बरस रहा है
बंद आँखों में वो नज़ारा चल रहा है
फिर से वही जीवन जो जिया था मैंने
मुलाक़ात के उन पलों में

अहसास तेरी याद बनकर बिखर गए हैं

अहसास तेरी याद बनकर बिखर गए हैं
हवाओं की मानिन्द बस गए हैं
फैल गए हैं समन्दर के किनारों की तरह
और लफ़्ज़ बनकर नज़मों में उतर गए हैं
नग़में तुम्हारी याद के बजने लगे हैं
ख़्वाबों के शामियाने लगने लगे हैं
गीत नए लबों पर उतर गए हैं
कोई हल्के से कह गया है कुछ मुझे
आग़ोश में हूँ जैसे कि मैं किसी अहसास के
और तुम भी कहीं चुप से हो आँखों से बात करते
मेरी नज़रों में वो नज़ारे उतर गए हैं
अहसास तेरी याद बनकर बिखर गए हैं

चाँद से

इस होटल की आलीशान इमारत पे
चमकते हुए चाँद
तुम वहाँ भी दिख रहे होंगे
जहाँ समन्दर नहीं है
जहाँ तपती है धूप
बस हवा में नमी नहीं है
चाँद तुम भेज दो चाँदनी वहाँ
ज़रा उस शहर में
कि जब वो टहलने निकले अपनी गली में
तो जगमगाएँ उसके रास्ते
जब वो लौट के आए अपनी आरामगाह में
तो रौशन हो उसका कमरा
जब वो करवटें बदले तो आग़ोश में हो
नरम मुलायम मसनदें
जब पलकें थम के सोना चाहें
तो हसीन ख़्वाब हों राह देखते
और यूँ जब मदहोशी में वो सोये
और ख़ुमारी में जागने को हो
तब ए चाँद तुम लौट आना
समन्दर के शहर में
तब मैं डूब जाऊँगी
यादों के गहरे पानी में

पैग़ाम

पैग़ाम दिए जाते थे कभी
बादलों और कबूतरों से
हवाओं में ख़ुशबू से पहचान लिया जाता था
सनम को
बारिश को आँखों की नमी समझा जाता था
किताब में फूलों और रुक्कों के हलके दिए जाते थे
किसी ज़माने में यमुना थी राधा थी
तो बाँसुरी की धुन भी थी
और दिल की बातें चाँद और सितारों से कही जाती थीं
सनम तुम्हें कैसे भेजूँ सन्देश
मैं उस ज़माने की नहीं हूँ
और इस ज़माने के क़ाबिल भी नहीं
सनम तुम्हें कैसे भेजूँ सन्देश

मालूम न था

एक दिन
ख़ुदा के नूर बनकर आए थे तुम
अब उसी ख़ुदा की मर्ज़ी
जब चाहे वापस ले ले
मगर उसका ईनाम इतना कम होगा
तबर्रुख़ जितना
मालूम न था
फ़ज्र की रौशनियों-सी नरम नारंगी
शुजाओं का गिरना अभी शुरू हुआ था
अभी ठीक से आँख भी न खुली थी
कि रब की मर्ज़ी
उसके उजाले से मायूस होंगे
मालूम न था
ख़ुशियों का सिलसिला अभी चला ही था
ठीक से खिलखिला भी न पाए थे
रब चाहे बदल दे हाथों की लकीरें
लकीरों पे रंग चढ़ेंगे इतने फीके
मालूम न था

भूल जाओ

भूल जाओ कि लबों पे प्यास थी
तुम्हारी नज़रों में एक तलाश थी
भूल जाओ कि तुम अपनी बाँहें पसारे खड़े थे
एक कायनात को थामने के लिए
और कायनात ला रही थी
अपने साथ एक भरा पूरा समन्दर
भूल जाओ कि तुम एक हरा पहाड़ थे
और सावन की घटा छा रही थी
वो थी बरसने को आतुर कि बिजली कौंध गई
वो गड़गड़ाकर गिरी पहाड़ पर और पहाड़ जल गया
घटा भी राख होकर बिखर गई
और घाटी में रह गई केवल एक हूक

बरसात

ख़्वाब टूट कर ज़मीं से बाबस्ता होते रहे
ज़मीं ज़ख़्म बर्दाश्त करती रही
दिये की लौ अपनी साँसें गिनती रही
सितारे मद्धम पड़ते गए आहिस्ता-आहिस्ता
हर शाख पे दूब पे शब के आँसू मिले
आँचल के पखेरू उड़ते रहे
एक शमां की जुस्तजू में परवाना फिरता रहा
और एक उदास दास्तां गाती रही ख़ामोशी
मैं हवा में गुल बुतों से बात करती रही
धुँआ उठता रहा सुलगती घाटी में
पहाड़ों पर यूँ रहा बरसात का मौसम।

सदा

रूसवाइयाँ हैं हर तरफ़
कि सितम अभी बाक़ी है
रहम कर मेरे मौला
कि दर्द अभी बाक़ी है
अदावत का है तूफ़ान
आँधियाँ हैं नफ़रत की
मेरे मौला नज़र कर
कि बरसात अभी बाक़ी है
है कमी शायद मेरी इबादत में
रोज़ों में कमी है या ज़कातों में
बख़्श कर मौला मेरे
कि क़यामत अभी बाक़ी है

इल्तज़ा

मेरे रुक्के रहते हैं अब मेरे ही पास
लौटा देती हैं हवाएँ अब मेरे पैग़ाम
ख़त ख़ुद की लिखती हूँ और फ़ना कर देती हूँ
मेरे दिल की सूनी दीवारों से
मेरे दर्द भरे नग़मे सर पटकते हैं
मेरे मौला अँधेरे बहुत हैं कोई राह दीजिए
गुम हूँ किसी रौशनी का निज़ाम कीजिए
कि सदाएँ पहुँचें मेरी आपके अर्श तलक
कि मदद आए आपकी मेरे दरो-दीवार तक

प्यार की किरचन

प्यार की किरचन कुछ यूँ चुनी गई
कि एक टुकड़ा तो चाँद को जा लगा
चाँद चमकता भी रहा, रोता भी रहा
शब भीगती रही रात भर बारिश में
आँख खुली तो गली के रास्ते गीले मिले
प्यार की किरचन कुछ ऐसी चुभी
अंग-अंग दुखता रहा
आग में तपता रहा ऐसे
बदन शोलों पर रखा हो जैसे
लहू बहता रहा आँखों से
दिल पथरा गया धीरे-धीरे
और कोई दिल पर से गुज़रा किया
बड़ी ख़ामोश अदा के साथ
प्यार की किरचन रखी रह गई
दिल के किसी कोने में
किसी की राह तकती हुई

भूकम्प के बाद

तुम कहते हो कि परी हूँ मैं
सुन्दर सफ़ेद पंख हैं मेरे
खिली हुई हूँ गुलाब की तरह
नाज़ुक ओस की बूँदें लिये
तुम ठीक कहते हो
लेकिन ये कल की बात थी
अब ज़रा ग़ौर से देखो मुझे
अब कहाँ हैं मेरे पँख
एक रात क़यामत की तरह
काला जादू किए शैतान
कहीं छिप के बैठा
घात की तैयारी में था
जानते हो ना तुम
जीत गया वह
पंख नोच कर फेंक दिए मेरे
उड़ान काट दी गई
और रूह तक को क़ैद कर लिया गया
अब कुछ नहीं है मेरे पास
न देखने भर को आँखें हैं
न मुस्कान को होंठ ही रह गए हैं
जली हुई उम्मीदें हैं
और टूटे हुए ख़्वाब
और तुम कहते हो परी हूँ मैं...!!

उदयपुर से

यहाँ आकाश भरा है रंगों और पंछियों से
झील भर गई है लहरों और नावों से
झील के किनारे भरे हैं पत्थरों के महलों से
महल भर गए हैं पर्यटकों की उमंगों से
राजा रानी के इतिहासों से
उनके साज़ो-सामान से
मगर मेरा मन भर गया
रानी की सूनी आँखों में पथराई वीरानी से
उसके उदास चेहरे और उसके होठों पे रुकी
अनकहे दर्द की कहानी से

उदयपुर की झील से

परी ने कहा
जादूगर तुम अपनी मुस्कान वापस ले लो
मैं अब और खिलखिला नहीं सकती
और उसके बाद परी फिर से पत्थर हो गई
मैं देखती हूँ एक पथरीली परी को कश्ती में सैर करते
उदयपुर की झील के बीचों बीच कभी
तो कभी झील के इस किनारे से
उस किनारे तक टहलते हुए
झिलमिलाते हुए झील के पानी में
जैसे महल के झरोखे पे
एक दिया टिमटिमा रहा है
और परछाईं उसकी पानी में पड़ रही है
गुलमोहर तो खिलेगा ही
और चाँद भी घटता-बढ़ता रहेगा
रात की रानी महका करेगी
मगर किसी को मालूम भी है
या शायद नहीं
कि एक महल की रौशनी के लिए
एक जीवन को जलना होगा

जोधपुर की राजकुमारी

वह किसी उल्कापिंड की मानिन्द
आसमान में चमक रही थी
उसे किसी ने पुकारा—'परी'
और उसके पंख लग गए
कुछ ही दिनों में
उसने नाप डाले कई आसमान
उसकी सोच उसके रंगीन शब्दों में बदलती गई
उसकी कल्पना उड़ान भरती रही
वे साथ हो गए और खिलखिलाने लगे
वह गर्मजोशी से बढ़ रही थी और अपने प्रेम की ओर
उसका उत्साह अपनी अन्तिम ऊँचाई पर आने को था
कि उसके पंखों में घात लग गई
एक चीख़ के साथ परी ज़मीं आ गिरी
उस घाटी में लोग अब भी सुना करते हैं।
हवा में उनके प्रेम की गुफ़्तगू

दिल्ली से

बहुत ख़ूब रहा ये सफ़र
उसी की राह थी
उसी की मर्ज़ी
मर्ज़ी अब भी उसी की है
इनायत है उसकी
कि हम उसके बन्दे हैं
तुम्हें भी समझ है
मुझे भी पता है
ज़िन्दगी सफ़र है
और सफ़र फ़ना है
ज़िन्दगी मौत-सी हो
या मौत ज़िन्दगी-सी
मगर जीवन तो जीना है
और जीना ही सच है

निर्वाण

वो बोधिवृक्ष कहाँ है
जिसके नीचे बैठ मिले नवज्ञान
यहाँ तो कंक्रीट ही कंक्रीट है
और भटक रहे हैं हम कंक्रीट के जंगलों में
वो ध्यान का दीप कहाँ है
जिसके आलोक में तुम जान पाए ख़ुद को
यहाँ तो हर तरफ़ फ्लैश लाईटें हैं
यहाँ कोई दीप नहीं जो हमें ख़ुद से मिलवा सके
वे नीरव निर्जन राह कहाँ है
जिस पर तुमने विलग किया देह और आत्मा को
यहाँ तो तारकोल की सड़कें हैं
जिन पर दौड़ रहे हैं असंख्य वाहन
कहाँ हैं वो निर्वाण
जिसने तुम्हें मुक्त कर दिया
लालसा, मोह, आसक्ति और राजपाट से
लेकिन इस पाषाणी नागरी सभ्यता में
हर कोई यह जानता है
कि सब कुछ नकली है और दिखावटी है
यहाँ तो सब कुछ छूटा ही हुआ है
बुद्ध बताओ तो
फिर निर्वाण की ज़रूरत ही क्या है

यशोधरा की पाती

ये महल ये गलियाँ ये वृक्ष ये लताएँ
कमल के पुष्प, कबूतर और मोर
तुम्हें स्मरण करते अब भी वहीं हैं
विरक्त और तटस्थ
जिन्हें तुम छोड़ गए थे
देर रात अँधेरे मुँह निंदियाते
और सवेरा होने के बाद
कोई न देख पाया है तुम्हें अब तक
बहुत समझाया है इन्हें
कि मुझमें मन लगाओ
मगर पथरा गई हैं इनकी आँखें
तुम्हारी राह ताकते
सिद्धार्थ
मेरे लिए तुम विचलित ना होना
न मेरे मोह में अपनी राह छोड़ना
मैं तो यहीं हूँ तुम्हारे गेह में सुरक्षित
जो अब मेरा घर है
स्वामिनी हूँ मैं इसकी
ख़ूब हँसी-ठिठोली करती हूँ सबसे
और करती हूँ सेवा सास-ससुर की
माता-पिता हैं वे मेरे
दिए जलाती हूँ नित्य
कि तुम्हारी राह में अँधियारी न हो

जब तुम लौटोगे सिद्धार्थ
और तुम्हें लौटना ही है एक दिन
मुझे इस बात का पूरा यक़ीन है
जब तुम लौटोगे सिद्धार्थ
श्रृंगारित मिलूँगी मैं तुम्हें
अर्द्धांगिनी हूँ मैं तुम्हारी प्रेमिका भी
अंजन काजल सजा
माँग में सिन्दूर, हाथों में मेहन्दी
पैरों में पायल, केशों में सुगन्धित पुष्पांजलि
प्रेम मद में भरी
श्रृंगारित मिलूँगी मैं तुम्हें
मगर सुना है सिद्धार्थ
कि धरती पर विश्राम करते हो अब तुम
और पहनते हो चीवर
भिक्षा में मिला खाना खाते हो
तुमने अपना तन जलाया है तपती धूप में
भूख और प्यास से
कैसे रख पाते हो अपनी प्रज्ञा को
जीवित और अतृषित
और सुना है
कि छोड़ दिया था तुमने
अपना अश्व, अपने मुकुट, ढाल, तलवार
और चरण पादुकाएँ, अपना समस्त राजपाट, महल
और सिद्धार्थ को भी
यहीं नदी के तट पर
सुना है
कि अब तुम सिद्धार्थ नहीं रहे
अब तुम बुद्ध हो गए हो
तुमको लौटाना ही है एक दिन
और जब तुम लौटोगे
मैं भी त्याग दूँगी

अपने कांचन, राजसी वस्त्र और मुलायम सेज
आभूषण, शृंगार और माया मोह
कपाट के पीछे छोड़ दूँगी
मोहवशी प्रतीक्षारत राजकुमारी यशोधरा को
तुमसे मिलूँगी मैं तुम्हारी बौद्धिनी बन
तुम्हारी ही तरह कंटित राह पर तपूँगी
और चलूँगी राहुल और उसकी पीढ़ियों के साथ
आऊँगी केवल तुम्हारी ही शरण
तुम्हीं को स्मरण करती जपती
बुद्धं शरणं गच्छामि

मुक्ति की ओर : एक

छोड़ रही हूँ मैं अब इस देह को
अब सुवासित नहीं रही यह देह
ठंडी पड़ गई है सफ़ेद लिबास में
अब दुख न होगा इसे
जानते हो ना
केवल एक बसन्त देखा है इसने
एक भूकम्प सारे भाव ले गया
अब कोई स्पन्दन न होगा
अब मैं मिलूँगी कोई और देह पहन
जैसे शज़र पहन लेता है फिर से नए पत्ते
पतझर के ढलते-ढलते और बसन्त के आते-आते
एक धुएँ से गुज़रना होगा
एक जीवन को पाने के लिए
चुकाना होगा एक जीवन का मोल
कब तक यूँ आना-जाना चलेगा तुम्हारी गली से
एक जंगल है जिसे पार करना होगा
हम पहले मिले थे ये एक भ्रम है
और फिर मिलेंगे ये महज़ एक सपना
फ़िलहाल मैं छोड़ रही हूँ
ये सुवासित देह

मुक्ति की ओर : दो

उस सुवासित देह में भरा था एक समन्दर
समन्दर में थे झंझावात कई गहराते
देह हिलोरें लेती रही जिनमें
टकराती अन्जान किनारों से
उस विराट बेचैन समन्दर के बाँध
टूट जाते अक्सर और बह निकलते
किनारे मिट्टी हो जाते
मगर फिर भी रह जाते प्यासे के प्यासे
उस सुवासित देह में
एक रूह थी जो गुम थी
कहाँ थी किसकी तलाश में
किस मोह की गिरफ़्त में भटक रही थी
कौन जाने कहाँ थी वो
किसी ने देखा तो नहीं उसे
और शायद उसने भी किसी को नहीं देखा

मुक्ति की ओर : तीन

उस सुवासित देह को
जो मेरी थी ही नहीं
जाने किस अधिकार से
या शायद मोहवश छोड़ आई थी मैं उसे
एक दरो-दीवार से चिपके रहने को
उस सुवासित देह को
जिसे अलंकृत किया था
सफ़ेद फूलों के लिबास से
कि उस नेह कुंज गलियों में
फूल पंछी पेड़ और सितारे
करते होंगे मीठी बातें
मगर राह ताकते होंगे
उस सुवासित देह को
मैं अब लौटा रही हूँ
कि न बसन्त है यहाँ न भूकम्प
न ख़ुशबू न स्पन्दन
बस आँखों में बरसात है
जो अब ठहर जाना चाहती है

प्रेम मुक्ति की ओर : एक

भूकम्प को अब गुज़र जाने दें
बसन्त बीत चुका है
गुलमोहर कब तक थामे रहता अपनी आग
पतझड़ को आने दें
सब चलायमान हैं
धरती कम्पित है
ज्वालामुखी द्रवित हैं
हिम वाष्पित हो रही है
सुवासित देह को लौट आने दें
तुम्हारे दिए नाम निरापद हैं
मुझे मत पुकारो
चाँद को पिघल कर झील में आने दें
भग्नावशेष खँडहरों में
सिरे न ढूँढ़ें
स्तब्ध उजालों को गुज़र जाने दें
सागर के तूफ़ान फैल गए हैं शैवालों तक
तिलिस्मात हो रहे हैं
नदी को डूब जाने दें
सदी गुज़र रही है हमारी आँखों में
प्रेम को बह जाने दें
मुक्ति की ओर...

प्रेम मुक्ति की ओर : दो

प्रेम स्थापित हुआ
भूकम्प के भग्न खंडित जर्जर परिवेश में
प्रतीक्षारत छोड़ आए दरारों और टूटी चौखट पे
स्वप्न भी वहीं थे गुलमोहर पे ठहरे
भूकम्प से लौटने के बाद
दावानल लम्बा चला
ज्वालामुखी आकाश में भी हैं
सितारे जल रहे हैं
ज़मीं किसी परिधि में गरम ही है
सब चुप हैं
अपलक जीवन का समयकाल क्या होगा
शायद प्रेम मुक्ति की ओर है...

प्रेम मुक्ति की ओर : तीन

तुमने प्रेम किया
एक देह से
और बँध कर रह गए
उसके रूप रंग से
रस और गंध से
आकार प्रकार से
गीत संगीत से
लय और ताल से
मगर देह के प्राण आत्मलीन हैं
आत्मा यात्रालीन है
आत्मा को खोज है
प्रेम मुक्ति की ओर है...

प्रेम मुक्ति की ओर : चार

प्रेम गहरा है
समन्दर से भी
मन के भीतर
प्रेम ऊँचा है
आकाश की सातवीं परत तक
जब हम मिले नि:शब्द मिले
आँखों के बीच अदृश्य
सेतु बनते रहे
प्रेम को न भाषा चाहिए
न भाषा का सन्देश वाहक
और न दृष्टि न आँखें ही
प्रेम व्याप्त है
हर ओर है
प्रेम मुक्ति की ओर है

प्रेम मुक्ति की ओर : पाँच

नदी विलीन है अपनी यात्रा में
सागर का हाहाकार लुप्त है
टूटती चट्टानें रेत हो जाएँगी
किनारे जल रहे हैं
जिज्ञासा गुफ़ाओं में खोज रही है
प्रश्न पर्वत से बहेंगे
नदी फिर जन्म लेगी?
आसमाँ फटता है
या दर्द बह रहा है
धरती की फ़सल के नीचे
हिम की श्वेत चादर के भीतर
नदी सुलग रही है
प्रेम बह रहा है मुक्ति की ओर

प्रेम मुक्ति की ओर : छह

कौन जाने कितने भूकम्प थमे हैं
सूरज के ज्वालामुखी के भीतर
बहुत छोटी-सी बात है मिलना और बिछड़ना
हम चुप नहीं मूक हो गए हैं
निराश नहीं अभेद से अनजान भी
दिशाहीन अनिश्चय से अचम्भित
किंचित प्रकृति का कारोबार चल रहा है
प्रेम मुक्ति की ओर बह रहा है

प्रेम मुक्ति की ओर : सात

मैं नहीं बदली युग ही बदल गया
दिन शाम हो गया
शाम रात में बदल गई
आसमां में बादल भर गए
बादलों में पानी
हवा ने सोख ली मुस्कान और सपने
सब पानी हो गया
यादें और तस्वीरें सूख गईं
धूप बंजर हो गई
संक्रमण काल है ये
पहाड़ टूट कर
कहीं रेत कहीं नदी बन गए हैं
चाँद भी बदल रहा है
झील अपने मन में झाँकती है अब
पेड़ अपनी जड़ें ढूँढ़ते हैं
तुमने देखा ना
ज़बान कुछ पढ़ रही थी
आँखें कुछ और कह रही थीं
हम भूकम्प में मिले थे
विध्वंस काल चल रहा है अब भी
बसन्त में खिले पलाशों की ज्वाला
बुझी नहीं है
तुम पूछ रहे हो बदल गई हूँ मैं

नहीं...अपने भीतर यात्रा कर रही हूँ
छू के देखो गुलमोहर के अन्दर
धड़कते मौसम हैं।
बारिश सील गई है
कहा ना!
संक्रमण काल है ये
प्रेम खोज रहा है अपनी खोह
बह रहा है मुक्ति की ओर

प्रेम मुक्ति की ओर : आठ

भूकम्प थम चुका है
कहाँ ढूँढ़ रहे हो अब मुझे
हम अवशेष ही थे,
बिखरे टूटे और विध्वंसित
अवसाद था हर ओर
कहीं कोई बसन्त न था
हाँ भूकम्प में हम मिले ज़रूर थे
थरथराए निस्तब्ध
कँपकँपाती धरती और ठहरे आकाश के बीच
दरारों और खाइयों के बीच
मगर अब कुछ भी नहीं बचा है
न मवाद न अवसाद न मलाल
सफ़ेद पंछी पीले फूल कुछ नहीं
न गुलमोहर न कृष्ण-कुंज
न सुवासित देह न स्पन्दन
न आसक्ति न विरक्ति
न शब्द न आवाज़ न मोह न लाज
कुछ भी नहीं
मैं कहीं नहीं हूँ
मैं कुछ भी नहीं थी
मैं पहाड़ों की बर्फ़ हूँ

उजली चादर ओढ़े नदी
या उससे उठता ठंडा धुआँ
पर तुम कौन हो...?

प्रेम मुक्ति की ओर : नौ

आसक्ति में भी मुक्ति है
लिप्त हो कर निर्लिप्त रहो
प्रेम में निर्वाण है
प्रेम को अपने आसपास ही महसूस करो
प्रेम में विलीन होना भी
मुक्ति है
वियोग को शृंगारित करो
शाख़ से बीजफल की मुक्ति
सुखदायी है
धरती फिर पुष्पादित होती है
प्रेम बहता है
नदी रुकती नहीं
सागर को विस्तृत करती है
प्रेम का आकाश होना भी तो मुक्ति है
जलप्लावित त्वरित दिगन्त सर्वविदित है प्रेम
प्रेममयी होना भी तो मुक्ति है
प्रेम स्वयं निर्वाण है

प्रेम मुक्ति की ओर : दस

नदी भीग रही है लबालब
ज़मीं की हरी चादर के नीचे
मगर उसके बहुत भीतर
पत्थर हैं सुलगते हुए
मुझे भी दे दो बादल
अपने सियाह दुशाले
कि धरती की कोख में है
अनावृत बीज
जाने कब वक़्त धूप दिखा दे
मुझे तुम्हारे युग से
बाहर निकाला जा रहा है
बलात्
क्या पुनर्जन्म का
कोई रिश्ता बाक़ी रहेगा...??
किंचित...
प्रेम मुक्ति की ओर है...

दर्शन

एक विलग मोड़ है ये
यहाँ कुछ भी नहीं
सब धुँधलका है
राह अकेली और अँधेरी है
दिवास्वप्न की तरह सितारे
मेरे पास से गुज़र रहे हैं
मगर उनकी रोशनी में
ना तपिश है
ना उनका कोई सरोकार मुझसे
धूप ठंडी पड़ गई है
शाम गहरा रही है
सिकुड़ते साये हैं जो
रोज़ मिलकर भी अजनबी हैं
रिश्ते परत दर परत उघड़ रहे हैं
क्या जिऊँ मैं?
एक झूठ, औपचारिकता या एक भयानक सच के साथ
मृतप्राय जीवन...!!
अब तक जो जिया वो सच था
या जो खो दिया उसका महत्त्व है...!
क्या सार्थक है...
जीवन या जीवन का भ्रम
या जीवन के बाद का शून्य
या केवल धुंध में जीते साये...!

धूप के बीज

मेरी ख़ाली आँखों में तुम ढूँढ़ते रहे
अपनी तस्वीर
जिस्म बंजर हो चले थे
रूहें रह गईं
हम जब मिले रीते रहे
प्यास रह गई
कुछ नहीं बदला
वही गूँजती ख़ामोशी है
सीली दीवारें
बंद रास्ते
उम्मीदों की सूखी रेत पर
कैक्टस की हरी फसल बढ़ती जा रही है
हम आज भी वहीं हैं
मरीचिका को रेखते
धूप के बीज
ढूँढ़ लाने होंगे
मेरे क़दमों के निशां
बह गए हैं लहरों के साथ
चाँद को तलाश है
अपने चेहरे की
हल्ला बोल रहा है
कब तक युग करवट बदलेगा

आस

बसन्त के जाने के बाद
और पतझर के आने से पहले
कुछ पत्ते वहीं ठहरे रहते हैं कँपकँपाते
शाख़ों को नहीं छोड़ते वो
उम्मीद की धूल ओढ़े
खड़े रहते हैं
वो पत्ते ना तो नए होते हैं
न इतने बूढ़े कि आस छोड़ दें
इन पत्तों का
सौन्दर्य से कोई सरोकार नहीं रह जाता
साँस घुटने लगती है
फूलों की तीखी गंध से इनकी
सूखी हवा के चरमराते क़दमों से भी
कोई वास्ता नहीं रह जाता
ये पत्ते बँधे रहते हैं जड़ों से
इनकी धमनियों में बहता रहता है
टहनियों का ख़ून और पसीना
तुम्हारे आने से पहले
और चले जाने के बाद का
ये अन्तराल भी
बहुत नाज़ुक होता है

वक़्त की तेज़ हवाओं के बाद भी
मगर
जीने की आस है
कि ज़िन्दा रहती है...

अन्तराल

एक अन्तराल के बाद जब हम मिले
सब बिखरा मिला
एक तरफ़ तुम थे एक तरफ़ हम चुप
टूटे तारों के सिरे ना मिले
जबकि ऐसा कोई क़रार भी ना था

दुःस्वप्न

फिर उस दुःस्वप्न से हम जागे
और अपनी-अपनी राह चल दिए
मगर इस बीच
फूलों के रंग फीके पड़ गए
ज़मीं मटमैली हो गई
कम हो गई रोशनी की लौ
रास था न रंग था
प्याले रीत गए
उम्र का दौर जहाँ रुका था
वहाँ से आगे बढ़ा
खिलखिलाहट वहीं रख दी गई
चाँद की बातें सितारों को दे दीं
अब न आँखें हैं न क़रार
न पतझर न बरसात
एक दुःस्वप्न था वह
हम जाग कर फिर आगे बढ़ गए...

एक उदास वक़्त

जिस जगह तुम नहीं थे
उस जगह धूल ही धूल थी
गुलमोहर जाने कहाँ था
तुम्हारी खिड़की भी अब वहाँ नहीं थी
जब तुम्हारी आँखों में ख़ुशी नहीं थी
चेहरों पे ख़ूब उदासी थी
जब तुम्हारी आवाज़ नहीं सुन सकी मैं
मैंने चाँद और समन्दर से बातें की
तुम अपने शहर में नहीं रहते मगर
दरिया और मीनारें हैं वहाँ तुम्हें पूछते
जब तुम नहीं हो किसी किताब को पढ़ते
और कुछ गुनगुनाते
उस किताब घर की किताबें हो गईं
बंद और ख़ामोश
जब तुम नहीं थे आइने के सामने
चुभने लगा हर रंग और ख़ुशबू
जब तुम नहीं हो अब महफ़िलों में
लोग सायों से चल रहे हैं
एक उदास वक़्त को जी रहे हैं शायद

दु:ख

एक

दु:ख में जागा दु:ख में सोया
दु:ख ही ओढ़ घूमा किया
दु:ख से साझा कर के रह ले
दु:ख ही सब भोगा किया

दो

कुछ दु:ख देखे कुछ सपने
दु:ख सच हो गए
सपने दु:ख हो गए
मैं क्या हुई
सपना या दु:ख...!!

सतरंगी सपने

हम जब मिले
आसमां से कुछ नीचे
ज़मीं से कुछ ही ऊपर
और ख़ुशबुओं से भरी साँसें लिए
हमारी आँखों में हो हरा समन्दर
चाँदनी के गेसुओं में सितारे सजा
और सफ़ेद फूलों भरी रात
ओढ़ कर आऊँ मैं
नारंगी सूरज पिघलता रहे
हमारी खिलखिलाहट
दिशा के हर छोर तक सुनाई दे
कैनवास पर उतार लिए हैं सतरंगी सपने
शहर के दायरे बहुत बढ़ गए हैं
अब जाने कौन-सी गली में रहते हो तुम

चाँद के आँसू

आज पूरे चाँद की रात है
रोशन तुम्हारी यादों की बारात
और गुलज़ार तुम्हारी हर बात
चाँद उतर रहा है धीरे-धीरे
मेरे झरोखे पे
देखेगा मुझे रोज़
टूटेगा थोड़ा-थोड़ा
बिखरे मेरे गेसुओं में
खिलेगी रात की रानी
उड़ती फिरेंगी नाज़ुक तितलियाँ
मेरी किताब में
तुम्हारी तस्वीरों के संग
महकती रहेगी ख़ुशबू
और सहर होते-होते
मिलेंगे चाँद के आँसू...

इश्क़

तुम माज़ू* थे
कि तिश्नगी बढ़ती गई मेरी
जैसे अँधेरे से चाँद निकला और बढ़ता गया।
एक कहानी थी
और एक मेरी ज़िन्दगी
एक इश्क़ था मेरा कि परवान चढ़ता गया
बस इत्ती-सी बात कि ज़िलाबदर हुए
टूट गए सबसे तुमसे नाता जो जुड़ता गया

---

* माज़ू - कारण

अमलतास में

उस दिन अमलतास में फिर रंग बरसा
हसीन लफ़्ज़ों से भीगा समां
मौसिकी गुनगुनाई उस शाम
बस तुम नहीं थे वहाँ
न तुम्हारा चिरकुट कैमरा
बहुत से अन्जान और जानकार चेहरों के साथ
तस्वीरों में क़ैद हो जाते हैं चेहरे!
कितना फ़र्क़ आ गया है मगर
तस्वीरों के एंगल में
कैमरा नहीं खींच पाया
भरी आँखों को इस बार
और न नम रुख़सारों को

आसरा

दर्द की नदी बह रही है
ढूँढ़ रही हैं आँखें एक किनारा
दुनिया सराय हो चली है
ढूँढ़ रही है रूह एक बसेरा
रात भर जंगल जला है
ढूँढ़ रही है शाम एक सितारा
आसमां के धागे बिखरने लगे हैं
ढूँढ़ रही है ज़मीं एक सहारा
उम्मीद है पस्त और पशेमाँ ज़िन्दगी में
ढूँढ़ रही है दीद एक नज़ारा
डोर न टूट जाए उस जहान से
ढूँढ़ रहे हैं तिलिस्मात एक इशारा
बरसात हो कि तपते हुए मौसम
ढूँढ़ रहे हैं परिंदे एक आसरा

रिश्ते

रिश्ते कहीं गुम हो गए
उलझे धागे
हम सुलझाते रह गए
सपनों के महल
बनते रहे
प्यार मुहब्बत
दोस्ती सब
क़िस्से रह गए
फूल चुन लिए
इतर की शीशियाँ भी
काँटे ही मेरे
हिस्से रह गए
मजबूरियाँ बहुत
मगर थीं लाज़मी
दीन और ईमान
फ़ल्सफ़े रह गए
क्या-क्या बचाता वो
खेत झोपड़ी या बैल
बाढ़ में उसके
आँसू भी बह गए
ख़ुदकशी के आँकड़े
बढ़ते गए
कर्ज़ फिर भी

बेहिसाब रह गए
काग़ज़ों पे
गुफ़्तगू होने लगी
झूठ और फ़रेब
दरमियान रह गए

इन्तज़ार

हाँ इन्तज़ार की डोर है
कि टूटती नहीं
उम्मीद का दिया जलता रहता है
चौखट पर
तुम्हारी ख़ुशबू से भरी
पुरवाई चलती है
हम उसी शहर में हैं
जहाँ हमारे घर पे आकर
मिलती हैं राहें
पत्ते हिलते हैं किसी शाख़ पर तो
अब भी तुम्हारी मीठी आवाज़ आती है
तुम्हारी मुस्कुराहट यही
हर तरफ़ रची-बसी है
तुम्हारी आहटों के क़दम
सुनाई देते हैं देर रात
बदस्तूर दरगाहों पे तकाज़े हैं
हर परस्ती में तुम्हारा ही तसव्वुर हैं
ये जुदाई है या बदला हुआ मौसम
मैं यक़ीनन तुम्हारे ही पास हूँ
मगर ये इन्तज़ार की डोर है
कि टूटती ही नहीं

दरवाज़े पे रखी है नज़र
तुम छन से आ जाना किसी दिन
घर अब भी वहीं है

जब हम मिलेंगे

हम मिलेंगे जब
आसमां बिखर रहा होगा
क्या ज़मीं सँभालूँगी मैं...!!
बहकी-बहकी-सी बातें गिरेंगी
या समा ख़ुशबू से भीग रहा होगा
वक़्त थमेगा भी या कि बहूँगी
क्या नमी सँभालूँगी मैं...!!
कहो ना क्या कहेंगी तुम्हारी आँखें
फिर आईने को देख कर
मुंतज़िर एक ख़्याल होगा या
एक मनसूब ए तस्सवर का उरूज
रंग ज़िन्दगी में भरूँगी भी या चुप रहूँगी
क्या हौसले सँभालूँगी मैं...!!
हम मिलेंगे जब
किसी हाशिए पे
वो मोड़ होगा कोई या राह
किसी नए दौर की
कहो ना तुम भी कुछ
कि आवाज़ तुम्हारी बिखरी है हर तरफ़
और पीले पत्तों की खिलखिलाहट
क्या हँसी सँभालूँगी मैं...!
हम मिलेंगे जब

बारिश की नज़्म होगी या
तुम्हारी अँगुलियों के इशारे
और थिरकते लफ़्ज़ की
क्या बहर सँभालूँगी मैं...!!

आरज़ू

एक बार जो बिछुड़ गए
पल फिर ना मिले
ढूँढ़ा किए जो लमहे
कभी साँझ कभी सवेरे ना मिले
कहीं वो ख़ुशबू ढूँढ़ी
तो सांसें ना मिली
कभी गुनगुनाने को
गीत ना मिले
एक बात बनी वहीं रह गई
फिर खिलखिलाने के
बहाने ना मिले
फिर मिलने का वादा
ताक पे रख दिया
फिर मिलने के मगर
सिलसिले ना मिले
दीदार से मिलती थी
राहत दिल को
फिर दीद ना मिली
नज़ारे ना मिले
ज़िन्दगी रेत-सी बह गई
प्यास बुझाने को
सागर ना मिले
वो मेरे जानिब हों रूबरू

ऐसी क़िस्मत के
सितारे ना मिले
छू के मेरे लबों को
एक ख़ुशी गुज़र गई
फिर वो सुखनवर
मौसम ना मिले
उल्फ़तों के दौर और
आरज़ू के क़िस्से
हसरतें रह गईं
हमख़याल ना मिले
याद किया जिसे हर जगह
ख़त फ़क़त उसको ना मिले

लखनऊ से : एक

बेहद नफ़ीस इस तुम्हारे शहर में
इमामबाड़ों और बारादरियों के बीच
एक शख़्स मिला कैस की तरह उदास
अपनी आँखों में एक दर्द भरी दास्तान लिये
चौक के टुंडे कबाब की गलियों की
ख़ुशबू से भी मुस्कुराता नहीं वह
आँसू बस बाँध तोड़ देने को तैयार
अपनी ज़िन्दगी में जीता गहरे ज़ख़्म
वह चुप-चुप रहता मायूस और गुमसुम
मगर हर किसी से हमराज होने को बेताब
एक-दूसरे पे चढ़ती हुई इतनी भीड़ में भी
अपनी अधूरी प्रेम कहानी का जनाज़ा ढोते-ढोते
सूखती गोमती के किनारे-किनारे
सहारा सिटी की बुझी अँधेरी गलियों में
अमीनाबाद की चिकनकारी की दुकानों में
सुबह से शाम ख़ुद को काम में तमाम कर
अकेले ही अपनी दफ़ा के वादे निभाता
ताउम्र तन्हा रहने की क़समें खाए
माँ के क़दमों में सर नवाता
अपनी इकलौती मोहब्बत को ज़कात करता
वो है शान-ए-अवध का ज़िन्दा ताज
फ़ना अपनी मोहब्बत में

लखनऊ से : दो

अब भेजती नहीं पैग़ाम वो तुम्हारे शहर में
मगर लिखती है वो अब भी और मिटा देती है
ख़त उसने दे दिए हैं सारी फ़िजाओं को
वो सारे ख़त अब नग़में बन गए हैं
और हर तरफ़ गूँज रहे हैं तुम्हारे शहर में
सबकी आँखों में नमी है
और लबों पर दर्द के वाक़िये
उसके दर्द से तपती धूप सोख रही है गोमती
और परिन्दे गुम्बदों पर आसरा ढूँढ़ रहे हैं
यादें उसकी अब घटाएँ बन गई हैं
जो अक्सर ही बरस जाती हैं
सफ़ेद फूल खिलते ही रहते हैं यहाँ
और बिखर जाते हैं सारे शहर में
गुलमोहर तो वहीं होगा जहाँ तुम हो
और तुम्हारे शहर में ख़ुशबू तो हर तरफ़ है
मगर घटाओं का बरसना और फूलों का बिखरना
कुछ कह रहा है कि कोई है जो रह गया है
तुम्हारे शहर में तुम्हारे पीछे
हू-ब-हू तुम्हारे जैसा

लखनऊ से : तीन

तुम्हारे शहर में एक ख़ुशबू है यहाँ हर तरफ़
एक आवाज़ कानों में घुलती रहती है
मिठास रहती है सबकी जुबां पर
सफ़ेद रंग पहने परिन्दे यहाँ-वहाँ फुदकते रहते हैं
मगर गोमती क्यों है सूनी आँखें लिए
हजरत गंज के बताशे और चौक के नक्ख़ास
यूँ ही चल रहे हैं जैसे छोड़ के गए थे तुम
हम कभी नहीं मिले तुम्हारे शहर में
मगर यहीं कहीं होते होंगे जब होते होंगे तुम यहाँ
शायद किसी मक़बरे को देखते
किसी बारादरी में सोचते हुए शायद
या शायद इमामबाड़े में कोई ग़ज़ल कहते
तुम्हारे शहर के पुराने मकानों में
अब रिश्ते गुज़र करते हैं
गुम्बदों पर याद है बादल भर
और इश्क़ है हर तरफ़ तुम्हारे शहर में
मगर ये तो बताओ
तुम्हारे अज़ीम-ओ-शहर में
कि ये धुआँ-सा क्या है
ये तन्हाई ये मायूसी
ये बदरंग ज़माने-सा क्या है

लखनऊ से : चार

अवध का वो शख़्स
दरअसल क़समों की फ़ेहरिस्त था
माँ का जीता-जागता आमाल था
मुहब्बत की ज़िन्दा मिसाल था
चलता-फिरता मक़बरा था वो
जिसकी आँखों ने सोख लिया था
गोमती का पानी और उसकी नमी
और रीती बह रही है गोमती
कि उसके रहम की इनायत हो
तो भरे और बहे
मगर अवध का वो शख़्स
नहीं देगा अपने ज़ख्म किसी को
निभायेगा ख़ुद ताउम्र अपने दर्द
वो मक़बरा चिलचिलाती धूप में
फर्ज़ की उजली दीवारें थामे रहेगा
ज़िन्दगी के हर इम्तहान में
जब तक ज़िन्दा है
उस शख़्स की आँखों में
मुहब्बत का फर्ज़

दार्जिलिंग से

पहाड़ कभी ख़त्म नहीं होते
इच्छाओं की तरह
एक पहाड़ से जुड़ा होता है दूसरा पहाड़
घुमावदार सड़कें कब एक-से-दूसरे पहाड़ में घुस जाती हैं
पता ही नहीं चलता!
जितने ऊँचे पहाड़ होते हैं
ऑक्सीजन कम होता जाता है
ऊँचाई पर चढ़ते-चढ़ते हरियाली खोती जाती है
जीना मुश्किल होता जाता है!
घुमावदार सड़कों पर सर चकराने लगता है
मगर पहाड़ी लोग सीधे रास्तों का इस्तेमाल करते हैं
बड़ी तेज़ी से सीधे पहाड़ पर चढ़ते और उतरते हैं
पहाड़ उनके वश में है
वे पहाड़ के वश में नहीं
पहाड़ों ने छोटी नदियों को भी सोख लिया है
नदियाँ रोते-रोते सूख गई हैं
उनके अन्दर के पत्थर भी दीखने लगे हैं
बड़े झरने जो गिरना जानते हैं
सूखते नहीं
बह जाते हैं मैदानों की ओर
वे नदी बन जाते हैं
और नदियाँ बड़ी गहरी होती हैं

पहाड़ों को तोड़ने के लिए भूकम्प आते हैं
और भूकम्प कभी-कभी ही आते हैं
वैसे कभी-कभी भूकम्प भी ख़ूबसूरत होते हैं
दार्जिलिंग के पहाड़ों की तरह

दिल्ली के बस स्टॉप और प्रेम

दिल्ली के फ़्लाईओवर
चार सड़कें नीचे चार ऊपर
बीच में झूलता मैट्रो ट्रैक
दाएँ बाएँ कन्स्ट्रक्शन
और उसे पास करती खचाखच भरी रोड
इस भरी रोड पर समय को भी समय नहीं
थमने का
सब दौड़ रहे हैं सपनों से भरे बैग लेकर
आँखों में भूख है
और टिफिनों में
जी लेने भर को खाना
दिल्ली में ठिठुरती ठंड हो
या तपता जून
न भीड़ रुकती है न सपने
कई सालों से ऐसे ही देख रही हूँ
मगर इसी समय की भीड़ में
माँ ने सम्हाल लिया है घर
जबसे पिता की जान गई है
इस रोड को पार करते
भाई के बैग में किताबों की जगह
जिम्मेदारियाँ आ गई हैं
छोटा कुछ और बड़ा हो गया है
इस खचाखच भरी भीड़ में

सभी ने कुछ खोया है,
हम फिर भी भाग रहे हैं
सपनों का बैग लेकर
ये रोड कभी नहीं रुकेगी
चाहे हमारी उम्र रुक जाए
हाँ कभी थमना हो तो बस स्टॉप हैं
बस स्टॉपों का नवीनीकरण होता रहा है
मगर उनपे जो इन्तज़ार है
वो हमेशा से था और रहेगा
दिल्ली के बस-स्टॉपों से शुरू होती है
प्रेम यात्रा
दिल्ली की बसें अपने अन्दर समा के चलती हैं
अनेक प्रेम-युगलों की कहानियाँ
रोड पर दौड़ने वाले और पार करने वाले
कहीं खो जाते हैं
पर ठहराव है तो बस स्टॉपों पर
तोता और मैना यहीं मिलते हैं
बैठते हैं खिलखिलाते बतियाते हैं घंटों यहाँ
वे बस का इन्तज़ार नहीं करते शायद
प्रेम को पालते हैं संजोते हैं
प्रेम पल रहा है यहाँ...

होली की फ़िज़ा

नंद का-सा है हर शहर
बरसाने की चुटकियाँ
गुलाल बरसे या फूल
मोहन बनी है फ़िज़ा
रात की चादर खींच के
ओढ़ के सतरंगी हवा
भीनी-भीनी बौछारों से
खेल रही है फ़िज़ा
सबकी उदासी छीन के
मुस्कान को होठों पे रख
उम्र के हर दौर के संग
झूम उठी है फ़िज़ा
सरहदों पर तैनात सैनिक
और घरौंदे इतनी दूर
रंग भरा पैग़ाम देकर
खिलखिलाई है फ़िज़ा

बसन्त शहरों में

बड़े शहरों में बसन्त कहाँ दिखता है
यहाँ न लगते हैं पेड़ों पर सावन के झूले
न दिखती है खिलती हुई सरसों दूर तलक
बसन्त कहने को कोई फूल नहीं खिलते
याद आता है फूल वालों की सैर का दिन
जब सरकारी स्कूलों में इस दिन छुट्टी होती थी
या राष्ट्रपति भवन का राष्ट्रीय उद्यान
कुछ दिनों के लिए आम हो जाता था
मैंने भी बसन्त को देखा है
अपने फ़्लैट की छोटी-सी खिड़की से
मेरी सोसाइटी के गुलमोहर ने
पूरी कॉलोनी के बसन्त का भार उठा रखा था
और उतना भर ही बसन्त के स्वागत को काफ़ी था
गुलमोहर के लाल दहकते फूलों के साथ
बसन्त घुस आता था सभी फ़्लैटों में
और छाया रहता था कई दिनों तक
अब बड़े शहरों में
बरान्त का कोई मौसम नहीं रहता।
जैसे बारिश का नहीं होता
भूकम्प का नहीं रहता
कभी भी मुँह उठाए चला आता है
और पीछे छोड़ जाता है
एक लम्बा और पीड़ादायक पतझर

संथीगिरी आश्रम से

ओ बदली तुमने कैसे पढ़ ली
मेरी चिन्ता की लकीरें
कि छा गई तुम सारे मेघों पर
भर दिया उनमें दर्द
और बरसा दिया घनघोर पानी
ये पेड़ लम्बे-लम्बे चुप उदास खड़े रहे
ये ऊँची-नीची पहाड़ियों की आड़ी-तिरछी पगडंडियाँ
रेतीली होकर ख़ामोशी से देखती रहीं
आते-जाते संन्यासियों, सेवाकर्मियों और मोरों को
मोरों और पंछियों की क्रंदन भरी आवाज़ से
गूँज उठा संथीगिरी आश्रम
ये बारिश का पानी रुक-रुक कर
पहाड़ों में से पेड़ों के तनों पर फिसलता
और रिसता रहा रेतीली ज़मीन पर
धरती पीती रही पहाड़ के आँसू
सुबह जब पर्दा उठा मेरे झरोखे से
धूप भर गई थी सीले पेड़ों पर
पहाड़ी और रेतीले रास्ते खिले-खिले थे
वो चली आ रही थी सफ़ेद पोशाकों में
नर्सें खिलखिलाती मुस्कुरातीं
और सुबह की किरणों की तरह उतर रही थीं
ठंडी शान्ति बिखेरती संन्यासिनीयाँ

उनके मुख की सौम्य सरलता फैल गई थी
पूरी हरी पहाड़ी पर
और चमकने लगी वो अद्वितीय पहाड़ी
अनुपम उजाले से

रूठी रानी का महल

कोई नहीं जानता तुम्हें
ओ जंगल के फूल
तुम खिलते हो अकेले
अपनी भीनी ख़ुशबू बिखेरे
और ख़त्म होते
तुम्हारी दुनिया अलग है
मगर तुम्हारी दुनिया में
एक पुराना मन्दिर है
और एक मूर्ति है देवी की
जिसकी एक कहानी है
मूर्ति जब मूर्ति न थी
तुमसे विलग न थी
जीती-जागती हँसती-खिलखिलाती
चहकती ज़िन्दगी थी
इच्छा थी तुम्हारी कि उस मूर्ति के
चरणों में जगह पाऊँ
या गले का हार बन
सीने से लिपट जाऊँ।
तुमने बिताए हैं कई बसन्त, पतझड़
और बरसातें साथ-साथ
बसन्त में खिलखिलाते थे
गाते थे प्रेम गीत
इस कहानी में थीं हज़ार बातें

रात भर भरी-भरी थी ज़िन्दगी
नाचते थे जुगनू और तारे
पूछते थे एक-दूसरे से
क्या ऐसी ही थी शीरी फरहाद की कहानी
आज उदयपुर से गुज़रते दूर पहाड़ी पर
देखा है उस पुराने मन्दिर को
अवशेषों में ढले हुए
जिसमें विखंडित है देवी की मूर्ति
मगर उसके चरणों में बिखरे पड़े हैं
सूखे जंगल के फूल
सुना है
लोग इसे रूठी रानी का महल कहते हैं
रानी थी पर अकेली थी बहुत
जिसे कोई नहीं जानता था
जैसे कोई नहीं जानता तुम्हें
ओ जंगल के फूल

लन्दन से

आज मेरे जन्मदिन पर
तुम मुझे फिर ले आए हो बाग़ में
जैसे हम घूमा करते थे बहुत साल पहले
बरसों बाद अपनी रस्म को फिर
निभा दिया है तुमने
देख रही हूँ इन्हें बड़ी उमंग और अचरज से
हरे पेड़, हरी घास, साफ़ रास्ते,
बाग़ में छोटी-सी नहर और साफ़ पानी की झील
ये सब भी मुझे उसी उमंग और हसरत से
देख रहे हैं
मानो पूछ रहे हों, अरे आज इतने वर्षों बाद
जैसे इन्हें इन्तज़ार था हमारा
इतने सालों में यहाँ कितना कुछ बदल गया है
धूप जो बहुत तेज़ हुआ करती थी
सिकुड़ कर रह गई है
छाँवें ज़्यादा ठंडी और गहरी हो गई हैं
घास और हरी
झील का पानी और साफ़ हो गया है
दिल्ली के तालकटोरा और लोदी गार्डन हों
या लन्दन का हाइड पार्क
प्यार की रस्म ने किसी को नहीं छोड़ा
यहाँ तक चली आई है
हर पत्ता बूटा, पानी, धूप, सफ़ेद...

भीगी-भीनी हवा ख़ुशबू और पीले फूल
सभी निभा रहे हैं प्यार की रस्म
दरअसल ये सभी उल्फ़त के मारे हैं
बड़ी जान है इनकी सदाओं में
जो खींच लाए हैं हमें
लन्दन के हाइड पार्क में भी

इटली से

पानी पे बसा वेनिस
रोम की वेटिकन सिटी
और ग्रीक सभ्यता का कोलोसियम
फलोरेंस की पुरातन चर्चें
पीसा की झुकती मीनार
और इटली के मिलानो को जोड़ती
अत्याधुनिक सड़कें और सुरंगें
और इनके दोनों ओर फैले
क़रीनेदार खेत
इनके बीच अब भी खड़े हैं
सैकड़ों वर्षों से बोनसाई वृक्ष और मकान
मैं देखती हूँ इन्हें
इनके इतिहास के दुखद क्षणों
और टूटती सभ्यताओं के इतर
प्रेम के सार्वभौमिक परिप्रेक्ष्य में
जब संगीतकार माइकल अंजिलो ने
क़िले और चर्चों की दीवारों पर
रंग दी थी अपनी भविष्यवक़्ता कल्पनाएँ
मानव जाति के उद्‌गम से अन्त तक की यात्रा
और अच्छाई और बुराई की कभी ना मिलने वाली
दो उँगलियों का सर्वविदित चित्र
मैं देखती इन्हें

वेनिस की गलियों में
जहाँ अब भी गाये जाते हैं
रोमिओ जूलियट के क़िस्से

सीरिया

मौत की बिसात है
मोहरा हर इनसान है
न सुन्नी न शिया है
शमशान बन रहा है
सीरिया जल रहा है
बारूद से ढेर हो रहे हैं शहर
राख हो रहे हैं कितने ही घर
हर आदमी पनाह माँग रहा है
हर जान में ख़ौफ़ पल रहा है
सीरिया जल रहा है
गोलियों से मनाता हुआ जश्न
और ख़ून से खींचता हुआ तेल
जिसका न इनसान से
न सभ्यता से कोई मेल
तानाशाह हँस रहा है
सीरिया जल रहा है

शहीद हुए सैनिक के पिता की पाती

विध्वंस के बाद
खँडहरों के
टूटे हिस्सों में क्या ढूँढ़ रहे हो
जर्जर ईंटों से कौन-सी नींव रखोगे
इस उदास पृष्ठभूमि में
निराश आँखें हैं
हवा में आँसुओं की नमी है
यहाँ कोई छाँह नहीं है अब
पेड़ ठूँठ हो गए हैं
दोहन हो चुका है
आँगन सूना है
किलकारियाँ चुप हो गई हैं
लूट ले गए हैं
मुस्कान और हया भी
मगर ज़मीं गीली है
जवानों के लहू से
मुझे कोई रसद नहीं चाहिए
और न धन न सम्मान
तस्वीरें हमारी यादों में हैं
यादों को भुनाने के लिए
कोई दीवार नहीं चाहिए इश्तेहारों की
मैं कोई हस्ती नहीं हूँ

अदना से सिपाही का
एक बेनाम बाप हूँ
मेरे बेटे का नाम किसी फ़ेहरिस्त में न भी हो
उसकी माँ का आँचल अब
हर आसमान से बड़ा हो गया है

दास्तान-ए-डल

ये डल थी क्या
ठंडे पहाड़ों से घिरी
अपनी चादर पे शिकारे बिछाए
और हाउसबोटों में ज़िन्दगियाँ पालती
कहवे के ज़ायक़े के साथ
कांगड़ी के धुएँ को हाथों में ले
अपने अक्स में उगते ढलते
सुबह-औ-शाम लिए
ज़मीं पे जन्नत को रूबरू करती

ये डल ही थी ना
चनारों से घिरी
गर्म शालों और फिरनों में
नावों पर फल सब्ज़ियाँ बेचते खिंचे चेहरे लिए
पश्मीना भेड़ों के पीछे कभी
कभी सूरज को पहाड़ पे ढूँढ़ते
कमलककड़ी-सी आधी डूबी आधा जीती
बर्फ़ीली दुपहरी औ रातें लिए

ये डल ही थी ना
कश्मीरी मेलों से घिरी
रंग-बिरंगे देसी-परदेसियों से भरी
भीने-भीने गीतों और

संतूर के संगीत से सजती
बादामों अखरोटों के पेयों से महकती
कल्हण की राजतरंगिनी और
मम्मट के काव्य उतारती

हाँ ये डल ही थी, मगर
ये क्या हुआ है डल को
कि सफ़ेद बर्फ़ के पहाड़ भी
दिख रहे हैं लाल अब
और डल के किनारों पे कश्तियाँ
दम तोड़ रही हैं
और उनमें बिखरी बिलखती ज़िन्दगियों के साथ
रहता है ख़ौफ़
अब आवाज़ें पुलिस की गाड़ियों
और बूटों की गश्त कर रही हैं
गोलियों की गूँज से
दहल गई है वादी

क्या हो गया है
मेरे कश्मीर के नगीने को
इसकी चमक धीमी पड़ गई है
ये किस आँच में दम तोड़ने को है
ये किसकी नज़र खाए जा रही है इसे
आज मेरे कश्मीर का मुख सूख गया है
हिमाला उदास हताश निराश आँखों से
देख रहा है
अपनी हसीन जवान केसर से सुर्ख़ गालों वाली
डल बिटिया को
खोकर अपना वक़ार
चुप ही रहती है वो अब...
ये डल ही थी ना...

मुफ़लिसी

झुलस रहा है आफ़ताब
दिल्ली की पिघलती सड़कों पे
पेड़ों ने थाम रखी है थोड़ी-सी छाया
कि साँसों को कुछ आराम मिले
गर्म हवाओं के बदन पे
पत्ते लिख रहे हैं दास्तां
सियासत का कोई भी रंग हो
फुटपाथों की नींद की कोई जात नहीं
मौसम कोई भी पैराहन पहने
चाँदनी का बदन हो या
फुहारों की ख़ुशबू
मुफ़लिसी का चारागर बदलता नहीं

सम्बन्ध

तुमसे बहुत कुछ कहना था
सोचा कहानी लिखूँ कविता या ग़ज़ल
फिर मैंने अपनी दास्ताँ पेड़ों को सुना दी
तुम कभी-कभी पार्क में घूम आया करो
फूलों से ख़ुशबू आएगी
पत्तों की गंध महकेगी
पीले पत्ते चरमरा के बात करेंगे
तुम पेड़ों से सुन लेना
जो मुझको तुमसे कहना था

जब ख़ुशी* घर आती है

ख़ुशी जब घर आती है
तब चेहरे पे रौनक आ जाती है
मेरे घर का हर कोना
मुस्कुरा उठता है
और ख़ामोशी गीत गाती है
पन्नों पे लिखी जाती है
दास्तान-ए-ख़ुशी
हम हो जाते हैं कवितामयी
और कविता गीत गाती है
ख़ुशी जब घर आती है

---

* ख़ुशी हँस के लिए

ख़ुशी* के आने पर

सुनहरी धूप-सी गुनगुनाती
आज तुम चली आई
सर्दियों की ठंडक पे गर्माहट छाई
तुम चहकी तो भर गई
मिठास हर लफ़्ज में
क्या मैं क्या मेरा वजूद
हर शय पे रंगत छाई

---

* ख़ुशी हँस के लिए

आयराह के लिए

तुम्हारे सर पे चढ़कर
तुम्हारी ज़िद के छोटे-छोटे बादल
तुम्हारी आँखों से बरसाते हैं छिटपुट पानी
तुम्हारी हँसी के फव्वारे
नन्ही उँगलियों से बने तमाम चाँद तारे
अपने तोतले लबों से
सुनाती हो लम्बी कहानी
कभी तुम बनती हो स्नोवाइट
कभी स्लीपिंग ब्यूटी
कभी रूपांजल के लम्बे बाल लगाकर
फिरती हो दीवानी-सी
तुम्हारे रंग-बिरंगे परवाज़ जहाँ तक फैले हुए हैं
मेरा भी कारोबार है बस उतनी दूर तलक
अभी तुम्हें क्या पता है
कि मेरी दुनिया में तुमसे ज़्यादा कोई मानी नहीं

अम्मीजान : एक याद

उस घर में हम नहीं रहते
एक औरत रहती है
महकता है आँगन
एक ख़ुशबू रहती है
दर-दीवार झाड़फ़ानूस परदे
ज़ीना दालान बरामदे
सन्दूक़ और अलमारियाँ
ज़िन्दा रहते हैं वहाँ
एक दुआ रहती है
उस घर में...
गर्दिशों की आँधियाँ हों
झकझोर तूफ़ान में गिरती बिजलियाँ हों
या तेज़ हवाएँ हों
उसकी मज़ार पर
दिए जलते हैं
एक रोशनी रहती है
उस घर में...
सुकून की साँस लेने को
चन्द लम्हे आराम करने को
उसकी ठंडी देहरी पर
मुसाफ़िर पनाह में रुकते हैं
अपने आँचल से हवा करती है
वो सरमाया रहती है

उस घर में...
लबों पे आयात चश्म-ए-सूरत
पाकीज़ा सीरत दस्त एक दुआएँ
पोशीदा ए दुनिया फ़क़त
इबादत में मशग़ूल वहाँ
एक बुज़ुर्ग रहती है
उस घर में...
दर्द और मायूसियों को
हँस के फ़ना करना
वो अक़ीदत हमारी
हर हाल में उसका बरक़रार होना
उसके करम की
मौजूदगी रहती है
उस घर में...
रोशनियों के मौसम में
बारिश की फुहारों में
सेवैयों के ज़ायक़ों में
तिलावली त्यौहारों में
हमारी पेशानी पे चमकती
एक क़िस्मत रहती है
उस घर में...
बेक़सी का आलम हो
या शिकन ज़िन्दगी की
परेशानियों और मुश्किलों में
मदद को तैयार
हर हाल रहती है
उस घर में...

घर की औरतें और चाँद

एक घर की औरतें
बहुत उदास रहा करती थीं
एक रात चाँद ने कुछ सोचा
और घुस आया उनकी चारदीवारी के अन्दर
वो रात फिर त्यौहार हो गई
औरतें ख़ुशी से झूम उठीं
एक ने चाँद को कंगन बना
अपनी सूनी कलाई में पहना
दूसरी ने उसे देख
गोल चमकदार फूली रोटियाँ बनाईं
तीसरी ने चाँद को अपनी कटोरी में रखा
कटोरी चाँद की हो गई
एक चाँद को ढपली बना बजाने लगी
मनभावन गीत गाने लगी
चाँद की मिठाइयाँ बनीं बँटी
दूसरी ने उसे सिरहाने रखा
सपने देखने लगी
दिन सुनहरे हो गए
औरतें उस रात चारदीवारी से निकल
अपना अक्स चाँद में निहारने लगीं
सजने सँवरने लगीं
उस रात औरतों की ईद हो गई
सवेरे तक सब औरतें थक गईं

सबको मदहोश और नींद से बोझिल देख
थका मांदा चाँद भी चुपके से निकल गया
उस दिन उस घर की सारी औरतें
और मेरी आँखें मेरी ज़बां, मेरी हँसी
मेरी थिरकन, मेरी धड़कन सारे ख़ुश थे
वो रात
एक प्रेम की रात थी

गंगा बहती है औरतों में

गंगा मैया
एक अल्हड़ किशोरी की तरह पहाड़ों से उतर कर
जब तुम फैल जाती हो मैदानों में
एक जवान मुटियार की तरह
जहाँ तुम्हारा यौवन खिल जाया करता है
और तुम अपनी संततियों की शुरुआत करती हो
बड़ी शान्त लगती हो गंगा मैया
अन्दर अन्तस में उद्विग्न होते हुए भी
किनारों को थामे हुए
ख़ुद पर बने बाँधों से ग़ुस्साई
अपने पर फिंके मल से बौखलाई
उड़ेल ही देती हो कभी-कभी अपने उद्‌गार
तलछट और किनारों को तोड़ घुस जाती हो
गाँवों, खेतों और तमाम ज़िन्दगियों में
तुम्हारा ये पानी तुम्हारे किनारों पर रहती
औरतों में भी दिखता है
बँधे हुए हैं इनके भी किनारे
मगर ये भी सारे बाँध तोड़कर
बह निकलती है कभी-कभी
औरतों के भीतर भी
एक गंगा बहती रहती है
मगर वो तुम्हारी तरह दिखाई नहीं पड़ती

घटाएँ

बताना नहीं चाहती थी
लिखना तो बिलकुल ही नहीं
किसी-किसी तरह से छिपा रही थी
सबसे हँस कर चहक भी रही थी
और सज सँवर कर कर रही थी काम सारे
मगर क्यों बड़ी-बड़ी बातों के पीछे
एक ख़ामोशी थी जो कुछ कहना चाह रही थी
आँखों की चमक धुँधला कर बहना चाह रही थी
लेकिन उदासी कहीं छिप न पाई
न केश के कुंडलों में न दबी-दबी हँसी में
न काजल के पीछे न आबशारों और पैरहन में
और उधर हरे जंगलों से उलझकर
आँधियों से भिड़कर
पहाड़ों पे चढ़कर
जाने क्यों बरस ही गई
घटाएँ...!

नाता

तुम अकेली विरक्त
भरी हो करुणा से
बह रही है तुम्हारी अश्रुधार
और भर रही है अवसाद की झील
भीग गए हैं पेड़ और घास
और एक गीले पेड़ के पीछे
मैं क्यों खड़ी हूँ गुमसुम
एक ठंडी साँस के साथ सीलती
क्यों तुम्हारा हाथ थाम
मैं तुम्हें नहीं बुलाती
एक सेतु ही तो चाहिए मुस्कुराहट का
एक दीया प्रेम का आँखों में
मैं भी क्यों खो गई हूँ
अपने बियावान में

नव वर्ष पर

इस साल भी सूरज कुछ मद्धिम-सा उगा
रोशनी छुपती रही बादलों की ओट में
लोग सुलगते रहे अँगीठियों के पास
उदास बैठी रही शामें सितारों की राह में
रात पिछले बरस का हिसाब जाँचती रही
ज़ेबें खाली थीं आँखें भरी-भरी
हथेलियों में बस सपने खनकते रहे
आलम वही था इस्मतें सरे बाज़ार थीं
जश्न ख़ूब मनाया मजबूरियों ने
मासूमों की मायूसियाँ ज़बा होती रहीं

एक शब हूँ मैं

ये क्या कम है कि एक शब हूँ मैं
ये बात और है कि शब हूँ दहशत की
वाक़िया तो बयान करती मगर
होंठ बुदबुदा के रह गए
बहुत से सवाल-जवाब ढूँढ़ते रह गए
दिल में उठे यलगार के शोले
गर्म आँसू बन के बह गए
मगर एक बात की ग़नीमत है
या रब तेरा शुकराना
कि मैं अब भी ज़िन्दा हूँ
धड़कनें बाक़ी हैं अभी
ये बात और है
रोज़ थोड़ा-थोड़ा ही जी रही हूँ
रोज़ थोड़ा-थोड़ा ही मर रही हूँ

एक दर्द लेकर जी रही हूँ*

एक दर्द लेकर जी रही हूँ
जैसे आग के दरिया से गुज़र रही हूँ
दिल में जैसे शोले पल रहे हैं
आँखों से गर्म लावे बह रहे हैं
धड़कनों से बस आहें निकल रही हैं
बेइन्तहा बरसात-सी बरस रही हूँ
ये दुनिया है या दोज़ख बाबस्ता
कि शैतानों का है हर तरफ़ पहरा
रंजिशें और अदावतें अब हैं आसमानों पर
हर तरफ़ आहटें ख़ौफ़ दे रही हैं
मैं जैसे बियाबान में बशर कर रही हूँ
इस्मतों को करके कलम
तिश्नगी बुझ ना पाई है
उनके बेहिसाब ज़ुल्मों का क़हर अब भी जारी है
इम्तेहानों का दौर है काँटों पे चल रही हूँ
अपनी ज़िन्दगी कुर्बान कर रही हूँ
सितम की हदें हदों से गुज़र गई हैं
सदाएँ मासूमों की जाने कहाँ खो गई हैं
क़यामत अब और किस रोज़ आएगी
कि हर रोज़ क़यामत की हद हो रही है

* निर्भया जैसी ज़िन्दगियों की ज़बान से

स्क्रीन पर दर्द

तुम्हारी आँखों में कोई ख़ास बात तो नहीं
मगर इनमें जो पानी है बहुत गहरा है
नक़्क़ाशीदार हैं नाक नक्श तुम्हारे
मगर कुछ लकीरें बापर्दा हैं
आवाज़ में खनक तो है
मगर हँसी में एक दर्द है
तुम स्क्रीन पर एक पल के लिए आईं
लगा तुमसे नावाकिफ़ नहीं हूँ मैं
और ऐसा भी कोई नहीं यहाँ
जो कहे कहीं देखा नहीं है तुम्हें
कुछ तो बात ज़रूर ऐसी है
कि जानी-पहचानी लगती हो तुम
कोई तो रिश्ता रहा होगा कभी
जो इस क़दर जोड़े है हमें
वर्ना कोई इस क़दर अपना-सा नहीं लगता

तुम्हारी आँखों की नदी

तुम्हारी आँखों में देखी है
एक नदी मैंने
बह जाने की ख़्वाहिश में
जो सारी कहानी कह जाती है अक्सर
एक समन्दर छुपा है इनमें
जिसकी लहरें किनारा चाहती हैं
एक बियाबान है
सदियों से ख़िज़ाँ को बर्दास्त करता
फ़िज़ाएँ बसन्त चाहती हैं
तुम्हारी आँखों की ये नदी
गंगा, नर्मदा, अमेज़न, नील और थेम्स से भी पुरानी है
एक बहती कहानी है
कई बार गुज़रती हो तुम चुपचाप
बंद मुट्ठियों में ख़ुशबुएँ लिये
अपनी देह पर मोती पहने
अपने केशों में चाँद-सितारे सजाये
लब खोलो कि वो नदी समन्दर से मिले
हाथों में हाथ लो कि बंद मुट्ठियाँ खुलें
बसन्त के फूल खिलें
इस कायनात में ख़ुशबू भरे
कहीं रुके तुम्हारे क़दम
तो एक सभ्यता चले
नगर बनें, हमारे घर बसें

मुहब्बत के लिए

बैठी थी वो जाने किसी इबादत में गुम
जैसे गुनगुनाती कोई धुन
मन्द-मन्द मुस्कुराती चेहरे पे नूर लिये
बर्फ़ की चादर-सी ठंडी
तपती धूप में भी हँसती
घने जंगलों की भीड़ के साथ
और शहरों में अकेली
सारी दुनिया की हलचलों और ज़लज़लों को
अपने सब्र में समेटे
ज़िन्दगी के उतारों और चढ़ावों को
अपने होठों में लपेटे उतर रही थी
नर्म शुआओं की तरह हरी ज़मीनों पर
वो नदी के बहते पानी को छूती
मुहब्बत में सराबोर
ख़्वाबों की एक मल्लिका थी
एक दिन चुपके से उसे एक हँसी ने छुआ
वो फूल बन गई
उसकी ख़ुशबू हवाओं में सन गई
वो पेड़ों के गीत सुनने लगी
चिड़ियों के संग चहकने और खिलखिलाने लगी
वो चल दी अपनी हँसी को बिखेरने कायनात पर
मुहब्बत को ज़िन्दा करने
मुहब्बत के लिए

इबादत

आज मुहब्बत के मन्दिर में
आपको देवता बनाया
अपनी आरज़ू के सदके किए
आपके नाम की तस्बीह पढ़ी
कौन कहता है
मैं इबादत नहीं करती

अँगीठी में धूप

जब पेड़ों से उतरती है धूप
और लम्बी होती जाती हैं छायाएँ
पखेरू लौट आने लगते हैं घोंसलों में
धूप समा जाती है अँगीठी में
अपने लाल अंगारों के साथ
वही छायाएँ सिमट कर इनसानों की
अँगीठी के आस-पास हाथ सेंकती हैं
भुनाती है अपनी ठंड
धूप का अँगीठी में सिमटना
छायाओं का इनसानों में बदलना
यूँ ही चलता रहेगा
इनसान दिन भर भटक कर
फैलता-सिकुड़ता रहेगा
अँगीठी अपनी गठरी में बाँधे रहेगी
धूप की गर्माइश
फुटपाथ के ठंडे पत्थरों को सुलगाती रहेगी
रात भर
अँगीठी के दोनों तरफ़ अपने हाथ गरमाते
सेंकते रहेंगे अपनी आँखें
एक-दूसरे को देख-देख
सुलगते रहेंगे अरमान

रात भर यूँ ही चलती रहेंगी
कभी न ख़त्म होंगी हमारी बातें
कभी न बुझेंगे
हमारी खुली आँखों के सपने...!

शिमला से

उस बर्फ़ की वादी में
ठंडे उजले पहाड़ों के पीछे से
नारंगी सूरज उग रहा था
उसकी रौशनी थी हमारी आँखों में
और ऊष्मा हमारे हाथों में
पहली बार
जाग रहे थे सीलते वृक्षों के पंछी
हमारी पलकों पे हौले-हौले
सुनी थी हमने आहटें
उस छोटी बालकनी में
रात भर ठिठुरते पत्तों की
पहली बार
दुल्हन-सी खनखनाती हँसी
बजी थी कानों में
और आहिस्ता क़दमों से
चली आ रही थी बारिश की बूँदें
पायल पहने
पहली बार ही तो
वो आइना शरमा गया था
अपनी सुर्ख़ बिंदिया देख
तुम्हारी गुलाबी होंठों के पीछे से
छिपी हुई मुस्कान बेबाक चली आई
और एक निःशब्द संगीत

बह रहा था हमारे लबों पर
पहली बार दस्तक देते रहे शोले
हमारी धड़कनों पर
वो सफ़ेद बर्फ़ की चादर ओढ़े वादी
गुज़रती है आज भी माल रोड की ढलानों से
कुछ देर ठंडाता है सूरज चिलम फरमाता
कोई पहाड़ी गीत गाता
सिगड़ी से बादल छोड़ता
ऊँची-नीची गलियों में
शाम तक जगमगा जाती है वादी
सितारों का बिछौना कर गहराती है शाम
और सुलगती है शाम
रात भर कहीं किसी साल के पेड़ तले
पड़ी सो जाती है
सुबह बेंच पगडंडियाँ और रास्ते
हरियाते मिलते हैं आज भी
ज़रा आकर देखो तो शिमला मेरे साथ
मालूम है ना तुम्हें
वो छोटा-सा पहाड़ी शहर
शहर क्या भरा-पूरा जहाँ मेरा
हो चला था साथ तुम्हारे
माना कि कोई मकां नहीं मेरा वहाँ
मगर दर्ज़ है वहाँ वो पहली बार की
मेरी उल्फ़तों की अनगिनत निशानियाँ
वहाँ अब भी दम भर रहा है तुम्हारा जवां प्यार
तुम्हारे महकते क़दमों से भरी हुई हैं
ये तमाम वादी अब तक
तुम्हारा गर्मजोश चेहरा मुन्तज़िर है हर तरफ़
पहली बार
मेरी समूची दुनिया थी
और फ़क़त तुम्हारा आग़ोश

हमारा रिश्ता

हम कभी यूँ दीवाली मनाएँ
कि आसमां पे बिछा दें सितारों की लड़ियाँ
आफ़ताब-ओ-चाँद के दीप जलाएँ
कभी करें बादलों पे आतिशबाज़ी
हम तुम फिर कभी फागुन में भीगे
आबशारों पे हो तुम्हारी गुलाबी रंगत
और सुरमई हो मेरा हिज़ाब
और यूँ लगे कि नज़रों से फेंकी है पिचकारी तुमने
तबस्सुम से हमने गुलाल
हम तुम कभी
पाकीज़गी से बाँधें अपनी कलाइयों पे कोई डोर
और ख़ामोशियों से करें ताउम्र निभाने का वादा
कभी मैं अपनी खिड़की खोलूँ
तो तुम्हारा अर्श दिखे
और तुम्हारी छत पे मेरा चाँद
मेरा दरवाज़ा खुले तो तुम्हारी गली का रास्ता हो
और तुम्हारे शहर में मेरी बस्तियाँ बसी हों
ये सरहदें क्या है, मुहब्बत-ए-मरकस कहाँ हैं
परवाज़ों को किसने बाँधा है
उम्मीदों के पुलसिगत ज़िन्दा रहेंगे
सुनो
हमारा रिश्ता भी तो
कुछ ऐसा ही तो है

शरीक-ए-हयात

जब आसमाँ ज़मीं को
देखेगा मुहब्बत से
भीगी भीगी होगी फ़िज़ाएँ
बादल का एक टुकड़ा
धीरे से कुछ कह देगा
हरी ढलान के कानों में
उस लम्हे को अपने
कोरे आँचल में बाँध
बहेगी ख़ुशबू की नदी
यूँ आँखों में बसा के
मुहब्बत के हसीं मंज़र
इंतख़ाब-ए-सफ़र चलेगा
हर सूरत-ए-हाल में
शक्ल-ए-महबूब है
यूँ ज़िन्दगी में मिरी
वो रहेगा शरीक
मेरी साँस साँस में...

आज तुम कहाँ हो

मुझे याद है कि हर रात
तुम मुझे एक हसीन सपना देकर जाते थे
और मेरी हर रात एक ख़ूबसूरत मंज़र में बदल जाती थी
चाँद मेरी छत पर ज़रा नीचे उतर आता था
और हवा उस संगीत में एक धुन गुनगुनाती थी
पल भर-सा सपना होता था वो और आँखें फैल जाती थीं
मानो सूरज को कल इन्हीं में से उगना था
तुम्हारे आने की ख़बर शायद मुझसे पहले
सारे जहाँ को मिल जाती थी
कि मेरी गली में एक आध पेड़ खिलखिला उठता था
मेरा छोटा-सा बगीचा बसन्तों से भर जाता था
कई युगों तक तुम्हारे क़दम ऐसे ही पड़े होंगे
तुम किसी नदी के किनारे रुके होंगे
तो बस्तियाँ बसी होंगी
किसी से हँस के बात की होगी
तो दिशाएँ खिलखिलाई होंगी
तुम्हारी गर्मजोशी से हवा में इत्र घुल गई होगी
आज तुम कहाँ हो
क्या तुम आज भी भेज दोगे अपने क़दमों की ख़ुशबू
जिसे महसूस कर सकती हूँ मैं
उस ख़ुशबू के आग़ोश में ढूँढ़ती हूँ मैं अपनी नींद
नींद आने से पहले मैं जानती हूँ
और मेरी गली का एक आध दरख़्त भी जानता है

कि उसमें ठहरा है चाँद मेरी छत पर उतरने के वास्ते
मेरा छोटा-सा बगीचा जानता है
कि उसकी ख़िज़ा की रुख़सती का वक़्त है
मेरी आँखों में उगना चाहता है सूरज
क्या भेज दोगे तुम आज फिर
कोई एक मीठा-सा ख़्वाब

पास आना ज़रूरी है

मेरी खिड़की से दिखते
आसमान पर छाए हुए कुछ पेड़
अपनी भरपूर हरियाली लिए
अपनी खिड़की पर बैठकर
पेड़ों का स्पन्दन मैं छू पा रही हूँ
हवा चल रही है पेड़ों को दुलराती
मैं सुन पा रही हूँ उसके पत्तों से बातचीत
कुछ गिलहरियों और परिन्दों के घर भी हैं पेड़ों पर
मैं हूँ उनके परिवार का हिस्सा
पेड़ों की ख़ुशियाँ दुःख पतझड़ और बसन्त
सब कुछ महसूस कर रही हूँ
क्योंकि ये सब कुछ मेरे पास हैं
मगर मैं हूँ इस खिड़की के भीतर
मेरे अन्दर समन्दर है हिलोरें उठाता-गिराता हुआ
कुछ टूट रहा है लगातार अन्दर
मैं ख़ुद एक रेगिस्तान हूँ प्यास में तपता हुआ
मैं रूह हूँ तनहा बेचैन ढूँढ़ती एक मकां
नामुकम्मिल मंज़िलों की ओर चलती
आँखों में बरसात का मौसम लिए
जवाबों को खोजते हज़ारों सवाल किए
ये बरसात रुके तो खिड़की खोलूँ

और महसूस करूँ तुम्हें छू कर
कि तुम्हें महसूस करने के लिए
तुम्हारा होने के लिए
तुम्हारे पास आना ज़रूरी है

शब्द नहीं गीत

तुम्हें और ख़ुद को समझने
और समझाने के लिए
मुझे क्यों चाहिए कुछ शब्द
ऐसा नहीं कि शब्दों का ज्ञान नहीं मुझे
मगर अपनी भावनाओं के धुएँ में से
एक भी स्थायी वजूद का शब्द निकाल सकूँ
इतनी माहिर नहीं हूँ मैं
इतनी समझदार भी नहीं
कि उलझनों के जंगलों और गुम्फनों में से
छाँट-चुनकर, परखकर सजाकर
तुम्हारे मतलब का कोई सटीक शब्द निकाल सकूँ
बड़ी कसरत करूँ दिलो-दिमाग़ में उतारूँ
अन्तस की गहराइयों में मोती बनने को सीप में छोड़ दूँ
फिर डूब कर ढूँढ़ निकालूँ शब्द तुम्हारे मानी का
जाँच कर, नाप-तोल कर ज़बां पे लाऊँ
इतना धैर्य और समय कहाँ
तुम ढूँढ़ सको तो ढूँढ़ लेना
एक संकरी पगडंडी पर कूदती-फाँदती हुई
और जंगल के बीचों-बीच पहाड़ से उतरती
भावनाओं से भरी हुई बहती नदी-सी
या उसके निर्जन किनारों पर पानी भरती
हँसती-खिलखिलाती, धूप में बेख़ौफ़ नहाती
एक अनन्त इन्तज़ार में मुब्तिला एक जवान लड़की

समझ सको तो समझ लेना
हरे मैदानों की हरी घास से उठती हरीतिमा का सौन्दर्य
नदियों और पेड़ों से ठिठोली करती हवा का संगीत
हवा की धुनों पर लहराते हुए पत्तों का नृत्य
इन सभी के पास शब्द नहीं हैं
बस गीत हैं बेशब्द गीत
मगर बेमानी नहीं है कुछ भी
और मैं इन सबसे वाक़िफ़ हूँ

आधी ज़िन्दगी

आधी ज़िन्दगी जीते हो तुम
और आधी मैं
यूँ मेरा ही आधा काम कर रहे हो तुम
और तुम्हारा आधा काम कर रही हूँ मैं
आधा सूरज देखते हो तुम
और आधा चाँद मैं
सोती हूँ मैं तुम्हारे ही ख़्वाबों की चादर ताने
तुम रात भर मेरी ही बातों को टटोलते
आधा दुख बाँट लेते हैं हम
आधा इन्तज़ार और आधे प्यार की बातें भी
दुख अधूरे सपनों का नहीं है
तुमसे ना बाँट पाने का है
जो दिल के अन्दर जी रहा है
उसी आधे दुख को होठों पे रख
मिलता हूँ तुमसे आधी मुस्कान के साथ
उसी वक़्त तुम आधा ही हँस पाते हो
और आधी खिलखिलाहट
अपने अन्दर समेट लेते हैं
तुम्हारे आधे सामान को देख
जानती हूँ कि तुम करते हो आधा ही सफ़र
जबकि हम चले थे साथ-साथ
मंज़िल हम दोनों की तय थी
मगर अभी हम अधूरे रास्तों पर हैं

वैसे साझा किया था हमने
एक वादा एक जान बन के
जीने को एक ही ज़िन्दगी
आधी साँसें ले रहे हो तुम और आधी मैं
यूँ आधी-आधी ज़िन्दगी जी रहे हैं हम

अपनी-अपनी राह

मैंने तुम्हें बेइन्तहा प्यार किया
और मैं सराबोर रही तुम्हारे प्यार में
एक मदहोशी की तरह था मेरा प्यार
इस मदहोशी में हमने लम्बे सफ़र किए
हम साथ-साथ प्यार के समन्दर के किनारे चलते रहे
बनते रहे उसकी गीली रेत पर हमारे पैरों के निशां
हम लहरों के उतारों और चढ़ावों के साथ रहे
और मछुआरों के साथ समन्दर के बीच गए
उसे खंगाला और हिलोरों के साथ गीत गाए
फिर तल तक जाकर सतह पर आ गए
हमने रेगिस्तानों की रेत पर भी सफ़र किया
उसकी आग की ख़ुमारी में तपे
हम जंगलों के अन्दर भी घुसे
और बाहर निकलने के नए रास्ते तलाशे
हमने साथ-साथ दरख़्तों की क़िस्मों को खोजा
और बेख़ौफ़ हवाओं से बात की
हम आकाश में खगोल के रहस्यों के पीछे भागे
कभी गुफाओं में जाकर मदमस्त परिन्दे और फ़क़ीर बने
हमें अच्छी लगती थी तितलियों की नाज़ुक छुअन
और ओस की ठंडक हमें दिलकश लगती रही
ऐसा मैं मानती रही पूरे विश्वास के साथ
कि मैंने तुम्हें अपना आराध्य देव बनाया
और अपने प्रेम की तपिश में कई यज्ञ किए

अपने समर्पणों, तर्पणों और प्रतीक्षाओं की आहुतियाँ दीं
अपने प्रेम को साधने की साधना में लीन हो गई
तुम आराध्यत्व की तरह मुझमें रच-बस गए
फिर इसके बाद एक दिन
हम अपनी-अपनी राह चल पड़े

तुम्हें पहचानती हूँ मैं

तुम भीड़ के हिस्सा भर नहीं हो
तुम भीड़ नहीं हो
तुम्हें पहचानती हूँ मैं
बहुत अपना-सा नाक-नक़्श
और रंग है तुम्हारा
एक बहुत अपनी-सी ख़ुशबू भी
इस भीड़ के अँधेरे में
तुम चमकते चाँद की तरह हो
तुम्हारे शब्द रौशनी हैं
और आँखें चराग़ हैं
इस भीड़ में शोर है
मगर तुम्हारी आवाज़ एक नग़मा है
तुम्हारे अहसास ज़िन्दगी हैं
इस तरह
बिलकुल इसी तरह
पहचानती हूँ मैं तुम्हें

कहाँ है तुम्हारी कविता

कहाँ है तुम्हारी कविता
तुम अपनी कविता को जगाओ
कोई गीत गाओ धुन गुनगुनाओ
देखो ना संगीत हर तरफ़ है
सबकी आँखों में झाँको
सबसे बात करो
प्रीत हर तरफ़ है
पिघल जाएँगे संग सारे
तुम ज़रा मुस्कुराओ तो
कविता उतर आएगी
कोरे काग़ज़ पर
और फैल जाएगी
ज़माने भर में
मन को हरियाओ
फूल से महको
पक्षी-सा चहचहाओ
कविता को जगाओ

तुझसे मिलूँगी मैं

समय बीत रहा है और इस तरह
कि हम मिल भी नहीं पाते ठीक से
मिलते हैं तो बड़े इत्तेफ़ाक़ से
मगर तुम सरसरी तौर पर देखने की
चीज़ तो नहीं
ऐसे मिल कर तुमसे
मन नहीं भरता मेरा
इत्तेफ़ाक़ से आज तुम्हारी एक किताब हाथ लगी है
तुम्हें पढ़ूँगी मैं हरफ़-दर-हरफ़
एक-एक पन्ना पलट कर
तुमसे बात करूँगी अब जी भरके
तुझसे मिलूँगी मैं
तुम्हारी कविताओं में

डिब्बाबंद यादें

बड़ी हिफ़ाज़त से धो-पोंछकर
करीने से रखी हैं डिब्बाबंद यादें दिल में
फिर भी अक्सर सड़ जाती हैं
या दरारें पड़ जाती हैं उनमें
और टूट कर झड़ने लगती हैं
तुमने ठीक ही कहा था
यादें मत रखना डिब्बों में बंद करके
भले ही वे तुम्हें भूल जाएँ
या तुम्हें उनकी याद ही ना आए
उन्हें अपने भीतर ही जीने दो
आज़ाद परिन्दों की तरह
जब तक वो जीना चाहें उन्हें जीने दो
अपने दिल के भीतर मुक्त रहने दो उन्हें
यादों से गुज़र कर ही कोई जान पाता है
कि क़ैद कर ली गई यादों का
कोई जीवन नहीं होता

चाँद है कि तुम हो

कहाँ-कहाँ नहीं ढूँढ़ा उसे
एक सुबह देखा था उसे गुड़ियों के खेल में शामिल
और फिर दिखा तुम्हारी आँखों में मुहोब्बत के साथ
और हमारे छुपा-छुपी के खेल में किसी पल
चमचम था एक दिन घूँघट के नीचे
और फिर मेंहदी की धीमी पड़ती
लकीरों के साथ घुलता रहा
सवेरे बुहार दिया गया घर से बाहर
और अपने टूटे ख़्वाब को लेकर भटकता रहा
शहर के ऊँचे फ़्लैटों की छत पर या सितारों के बीच
कभी दरिया के ज्वार और भाटों में उठता-गिरता रहा
ऐसे टूटते-बिखरते सहर हो गई
फिर चाँद उतर आया छत से नीचे
प्यार से भरी गर्म चाय की प्याली में
जो बना के रखी है मैंने सुबह-सुबह तुम्हारे लिए
तुम्हारे प्यार की महक में सराबोर होते हुए

तारीख़ बदल गई है

वो सावन का बादल भरा-भरा
अब तक खड़ा है खिड़की के बाहर
वो रात अब भी वहीं रुकी है
भीगी फिज़ां से बात करती
पहाड़ की वो घाटी आज भी हरी है
तुम्हें ग़ौर से देखती हूँ
तुम्हारे चेहरे पे यही पुराने अपने-अपने से निशां
क्या तुम ही चाँद हो
तुम्हारी आँखों में आज भी दूर तक झाँकती हूँ
और लौट आती हूँ देखकर अपनी ही तस्वीर
तुम्हारे लबों से गिरते थे कुछ भीगे लफ़्ज़
और गा रही थी बारिश
मेरे परवाज़ों के आँचल
आसमाँ को पाने की ख़्वाहिश
और ज़मीं पर थमने की कोशिश की
उधेड़बुन में थे
आज देखा है इन नज़ारों को ग़ौर से
पिछली दफ़ा तुम्हारे हाथों में नरमी थी
अब सावन बीत गया है
जितना बरसना था बरस गईं मेरी आँखें
मगर उस बादल के एक टुकड़े में

एक नमी-सी रह गई बाक़ी
क्या हुआ है कुछ भी तो नहीं
सब कुछ वैसा ही है
बस एक तारीख़ बदल गई है

ये प्यार के अहसास का वक़्त है

ये प्यार के अहसास का वक़्त है
जो बिताए हैं पल साथ-साथ
उन्हें महसूस करने का वक़्त है
हर तरफ़ चल रही है अदावत की बयार
और मौसम है नागवार
इसमें प्यार की ख़ुशबू बहाने का वक़्त है
किसी से ख़फ़ा क्यों रहना
और जुदा रहना क्यों
छोड़ कर गिले-शिकवे और भूल सारी रंजिशें
अब अपने मान जाने और मनाने का वक़्त है
उदासियों और मायूसियों में क्या रखा है
कोई शौक़ पाल लो और उसमें खो जाओ
कुछ इस तरह ज़िन्दगी बिताने का वक़्त है
एक तुम और एक मैं
क्या जहाँ को बदल देंगे
कोशिश करें तो क्या न कर लेंगे
न करने की सोच को बदलने का वक़्त है

वो एक पल थम गया था

वो एक पल थम गया था
जब मैंने तुम्हारी आँखों में
जाने क्या पढ़ लिया था
मैं भूल गया सारी आवाज़ें और शोर
ढोल-नगाड़े संगीत सब चुप-सा हो गया था
रंगीन लिबास लग रहे थे
फ़क़त हवा में चलते-फिरते
रूबाईयाँ भरी थीं लब थे मिठास लिए
तुम खिलखिला रही थीं उस पल
और मैं बस गुम हो गया था
मुझे अब कुछ भी याद नहीं
बस तुम्हारा सूफ़ियाना पैरहन
मेरे बहुत क़रीब आकर जैसे
मुझे एक ख़ुशबू से भर गया था
वो ख़ुशबू सबसे अलग थी
मैं सबसे जुदा रह गया था
चूड़ियों की खनक और पायल की झनक
देर तलक बजती रही जैसे बंसी की धुन
वो क्या था कि मेले में हुआ मैं अकेला
वो समां मेराज था ज़मीं और अर्श का
वो मंज़र मेरी आँखों में समा गया था
मगर मुझे कुछ भी याद नहीं
तुम्हारे गेसुओं के अलावा

कि बयार उन्हीं को छूकर
मुझ तक आ रही थी
वो क्या था कि तुम्हारी चाँदनी में
मैं भीगता और रंगता चला गया
बंद आँखों में भी मुस्कुराता रह गया था
उस दिन मुझे तुमसे प्यार हुआ था

आलोक

कहाँ से लाते हो तुम शब्द आलोक
कहाँ से लाते हो ये चित्र जैसे शब्द
ये शब्द दिखाते हैं युगों-युग का एक मुकम्मिल चित्र
निर्माण के बसन्तों और विध्वंस के पतझरों के बीच
मनुष्य के प्रभातों की अनन्त यात्राएँ
गोधूलि के धुँधलके में गुम होती पाषाणी व्यथाएँ
और छायाओं से भी गहन गुंफित भावनाएँ
कहाँ से लाते हो
तुम कहाँ से लाए हो
ये अपनी समूची दुनिया
इस दुनिया में बने खँडहर
हर खँडहर की अपनी कहानी
हर कहानी का अपना जंगल, अपने पेड़
अपने हरे मैदान, पहाड़, बारिश
बसन्त में उठता हाथ और आख़िरी पत्ता
और स्मृतियों में डूबती-उतरती वो लड़की
जो तुम्हारी हर कविता में आ जाती है
कैसे खोल देते हो हमारे लिए
अपनी दुनिया के दरवाज़े
और हम जी भर कर विचरण करते हैं तुम्हारे साथ
जैसे जानते हैं तुम्हें सदियों से
जैसे तुम कोई अजनबी नहीं हो हमारे लिए
न तुम्हारे वे रास्ते

और न मिलने-बिछुड़ने की पगडंडी
ये दुनिया जैसे हमारी ही दुनिया हो
कौन-सा सेतु है ये
कौन-से हाथ हैं जो हमें थाम लेते हैं
सहचर हो जाते हैं
ये कौन-सी कविताएँ हैं
ये कैसी रौशनियाँ हैं
कहीं अँधेरा नहीं
आलोक ही आलोक है

ज़िलावतन

ये शानों-शौकत, ये शमियाने
यहाँ भी लगते हैं, वहाँ भी लगते होंगे
ये साज़ ये बनावटी हँसी से चेहरे
सिक्कों से तुलते हैं यहाँ, वहाँ भी तुलते होंगे
मैंने तो बस कुछ रंगीन लकीरें कैनवस पर उतारी थीं
जाने कैसे वो पहुँच गईं सियासत की गलियों में
चाँद जो मेरे झरोखे में दिख रहा है
मेरे वतन में भी दिखता होगा ऐसा ही
मेरे ज़िगर का ये सुर्ख़ लहू
उधर भी रगों में बहता होगा
जिस्म बेज़ार मजबूर यहाँ भी हैं कई
उधर पैरहन राह तकता होगा
मगर एक उदास धूप हो गई है तमन्ना मेरी
न इधर दिखाई देती और न उधर ही
घोड़े हैं कि दौड़ रहे हैं मेरी नस-नस में
मेरे ज़हन से उतर कर दौड़ रहे हैं
यहाँ परदेस में भी
मगर मेरी तस्वीरों में अब बेजान हो रहा है
लगातार दौड़ते रहने वाला घोड़ों का रंगीन देवता
और मेरे हाथ, मेरे पाँव भी थक से गए हैं अब
यूँ ही चलते-चलते सफ़र में
कभी मुड़ के देखता हूँ अतीत के आइने में
बीते बसन्तों के पीछे धुएँ के बादलों को चीरता

बेतहाशा किरणों का पीछा करता हुआ
एक मासूम छूटा हुआ बच्चा दिखाई देता है
मुझे यक़ीन है अपने गाँव की नदी पर
जो प्यासे मुसाफ़िरों को रोक लेगी
पाल देगी उनकी प्यास के सपने
अपनी लहरों के आँचल पर कश्तियाँ नचाएगी
पीली सरसों की फ़सल और रात की रानी की ख़ुशबू में
मीठी नींद सोयेगा वो बच्चा किसी एक दिन
पनघट पर अलसाई बेला के निशां होंगे
गोधूलि में लौट आएँगे जंगल से सारे मवेशी
अँगीठियों के धुएँ में नदी बसा ही लेगी एक सभ्यता
ध्यान में लीन हो जाएँगे जहाँ घोड़े
मगर अभी तो सब कुछ उधर भी है इधर भी
बस एक अपने वतन से बेदख़ल चित्रकार को छोड़कर
जो अभी भी सिर्फ़ उधर ही है, उधर ही है
इधर तो महज़ उसका साया है

लॉन को देखकर

थोड़ी हरियाली ढूँढ़ लेते हैं
पथरीले शहर में
चलो परिन्दे से ही सही
दिल का हाल कहें
दिल्ली में ख़ुशनुमा मौसम
कम ही देखे हैं

एक दृश्य

सुदूर पहाड़ों पर
जब खुल गए थे
रात के गेसू
और सितारों की ख़ुशबू
फैल रही थी
वहाँ सुबह तक सिसका था झरना
और पास ही एक झोंपड़ी
जलाकर के ख़ुद को
किसी घाटी को तपिश दे गई थी

समन्दर और छोटी मछलियाँ

समन्दर की छोटी मछलियाँ
कभी बहुत गहरे उतर जाती हैं
कभी उथले पे नाचती हैं
लम्बी अमावस बिता देती हैं
चाँद की रोशनी के इन्तज़ार में
ढूँढ़ती रहती हैं
सहर का रास्ता रात भर
जी लेती हैं लहरों की खोह में
अपने सुनहरे रंगों और
रोज़ होते ख़ूबसूरत एहसासों से गाफ़िल होकर
बुझी हुई ख़्वाहिशों का बोझ उठाकर
चलता रहता है उनका सफ़र
हर पल बदलती है ज़िन्दगी उनकी
समन्दर की लाखों तहों में से गुज़रती
किनारों पे रुकती फिर लौटती है
मैं देख पा रही हूँ
इन मचलती रंगीन छोटी मछलियों को
इस समन्दर से जूझते
ये समन्दर बहुत गहरा है
जज़्ब कर रही हूँ इस समन्दर को मैं अपने अन्दर
और जज़्ब कर रहा है ये समन्दर भी मुझे
इन छोटी रंगीन मछलियों की तरह

गर्मजोश मुसाफ़ा

ठंड में ठिठुरती बल्ब की रोशनियाँ
एक दूसरे को देखते हुए
गुज़ार देंगी रात
हाथ सेंकने को हैं
दूर खड़े अलाव
गुपचुप बात करती रहेगी धुंध
दिसम्बर की धूप
ज़्यादा रुकती नहीं घर पर
शामें गहरा जाती हैं सवेरे ही
सियाह हो रही है रातें अपने ही आग़ोश में
मेरी उँगलियाँ भी सर्द से जमने लगी हैं
इस सर्द भरी सुबह को चाहिए
बस एक बोसा-ए-नज़र
हाथ को हाथ सूझ रहा है अब भी मगर
जनवरी तक फैली ठंड तक के लिए
काफ़ी रहेगा
एक गर्मजोश मुसाफ़ा भी

असाधारण

हम मिले
कुछ रुके कुछ हँसे बोले
फिर साथ चलने लगे
कुछ मेले हमसे छूट गए
कुछ मेलों में हम खो गए
मुझे लगा ये रास्ता लम्बा होगा
मगर रास्ते पर एक मोड़ था
और उस मोड़ पे
हमने विदा ली
मैंने सोचा वक़्त कुछ ठहर जाएगा
पर सूरज ज़मीं पे उतर चुका था
शाम ने भी विदा ली थी
ये सब बहुत साधारण-सा था
मगर कुछ ही देर में जाने क्यूँ
लगने लगा सबकुछ
आसाधारण
हम अपने घर को जा रहे थे
अँधेरा घर को आ चुका था
जाने क्यूँ
रात कुछ अजीब लगने लगी थी

आज़ादी

आसमां
खिड़की की मार्फ़त
मेरे अन्दर आता है
मैं फ़क़त रुई या रूह हो जाती हूँ
मेरा कमरा
कभी साफ़ नज़र आता है
कभी धुआँ और
कभी बादलों से भर जाता है
सितारे अब बात करते हैं
पंछी चमकते हैं रात को भी
उसी खिड़की की मार्फ़त
आसमां के अन्दर जा रही हूँ मैं
हो रही हूँ
आज़ाद

लन्दन से एक दास्तान-ए-इश्क़

यहीं से शुरू हुआ था
हमारे प्यार का सफ़र
थेमस के किनारे-किनारे
ठंडी बयार को ओढ़
धड़कते सीने में दिल को छुपा
आँखों के दरमियाँ
पानी पे चमकती रोशनी के बीच
और लन्दन आई के कपस्युल में झूलते
सुर्ख़ फूलों के लब शर्म से सिले रहे
फ़िज़ा के रखसार सूख कर
रुई से उड़ते रहे
बर्फ़ीली हवाओं का सिला
यूँ ही चलता रहा
पश्मीना और तूश में
सर से पाँव तक लिपटी मुहब्बत
और भी गुलाबी हो गई थी रंगत
आँखों को पुलसिरात कर
बयान-ए-उल्फ़त हुई
स्टारबक्स की कॉफ़ी ने निभाई
रस्म एक मुलाक़ातें
यहीं से शुरू हुआ था
महोब्बत का सिलसिला
और यहीं पे ख़त्म भी

बिलकुल इसी सर्द बर्फ़ीले मौसम में
ठिठुरती रही धड़कनें सीने में
आहिस्ते-आहिस्ते
दम तोड़ती रही उल्फ़त
रफ़ता-रफ़ता पिघल कर
शमा से जज़्ब किए अरमां
गरम दास्तानों में
स्टारबक्स कॉफ़ी का धुआँ
सोखता रहा आँसू
विंट्नर वंडरलैंड की रोशनियाँ
नवम्बर की धुँध में जम गईं
इस बार लन्दन की ठंड में
टूट गए आँखों के पुलसिरात
फ़िज़ा के रखसार बारिश में भीगते रहे
सुर्ख़ लबों से सूख कर गिरते रहे
अनकहे लफ़्ज़
थेमस के किनारे सुनते रहे
अनसुने नग़मे
एक टूटा हुआ वादा बहता रहा
पानी पे चमकता
लन्दन आई के कपस्युल थम गए
कई रातों तक लैम्प पोस्ट के नीचे
पुरज़ोर कोशिश में
गुहार लगाता रहा एक इन्तज़ार
यूँ बर्फ़ जम रही है लन्दन में
बीत रहा है मुहब्बत का मौसम भी

छोटी बंदिशें

1. मैंने प्यार किया
   कुछ रीत गया जीवन
   बाक़ी इन्तज़ार किया
2. लम्बी तन्हा रातें
   धुँधलाते हुए तारे
   उम्मीद भरी दो आँखें
3. अधखिली कलियाँ
   बसन्त के महीने में
   रौंदी गई बच्चियाँ
4. ज़रूर लिखूँगी
   बीत गया जो
   इतिहास रचूँगी
5. छुप-छुप गोरी
   चली मिलन
   पर जगा चमन
6. संग सखियाँ
   नाचे मोहन
   मन वृन्दावन
7. कोमल अधखिली
   ओस से भीगी
   गुलाब की कली

8. साथ नया नादान
रोए दुल्हन
सफ़र अन्जान

9. गिरती शाखें
रीता जंगल
मरू-सा जीवन

10. जीते ज़िन्दगी
जैसे सागर से मिलने
चली नदी

11. घनघोर गगन
नागों का फन
हुआ कृष्ण जनम

12. घनघोर गगन
विचलित है मन
बरसे नयन

13. रौशन है घर अमीरी का
भूख से जल रहा है
गरीब का घर

14. ईर्ष्या, द्वेष शैतान
शान्ति कहाँ हैं
जलता है इनसान

15. ऊँची उठती हैं
मिलावटी बेईमान इमारतें
कमज़ोर गिरता आदमी

16. खुले बंद
उड़े विहग हर्षित
मन आकाश

17. ऐसा जोश
भरो मन में
हो जग रौशन

18. खोज रही हूँ उसे
जो हैं एक रोशनी
कि देख लूँ अपनी सूरत भी

✪✪✪